LETTRES DE VIE
LA LETRA Y LA VIDA
LETTERS OF LIFE

Photographies/*Photographs*/Fotografías
DOMINIQUE ROGER

Introduction/*Introduction*/Introducción
FEDERICO MAYOR

NATHAN

Maquette Benoît Nacci
assisté d'Isabelle Chemin

Achevé d'imprimer le lundi 28 janvier 1991
sur les presses de l'imprimerie Mame, à Tours.
Photogravure Quadrilaser, à Orléans.
Composition SCCM, à Paris.

ISBN : 2.09.284.763.5
N° d'éditeur : 10002827

Avec le concours pour l'Unesco de :
Alain Modoux, Directeur de l'Office d'Information du Public
John Ryan, Coordonnateur du Secrétariat de l'Année internationale de l'alphabétisation
Bruno Lefèvre, Unité de Modernisation et Innovation

CONCEPTION ET COORDINATION
André et Claudine Parinaud

Nous tenons à remercier pour leur collaboration :
La société Art Action
Yvette Lauwens, Jane Caro-Gardiner et Bruno Dori
Le service des traductions de l'Unesco
Le service photographique de l'Unesco

With contribution on behalf of Unesco by:
Alain Modoux, Director of Public Information
John Ryan, Co-ordinator of the International Literacy Year secretariat
Bruno Lefèvre, Modernization and Innovation Unit

CONCEPT AND CO-ORDINATION
André and Claudine Parinaud

We should like to thank the following for their co-operation:
The Société Art-Action
Yvette Lauwens, Jane Caro-Gardiner and Bruno Dori
Unesco's translation division
Unesco's photographic unit

Con el concurso, por parte de la Unesco, de:
Alain Modoux, Director de Información Pública
John Ryan, Coordinador de la Secretaría del Año Internacional de la Alfabetización
Bruno Lefèvre, Unidad de Innovación y Modernización

CONCEPCION Y COORDINACION
André y Claudine Parinaud

Debemos dar las gracias por su colaboración a:
La Sociedad Art-Action
Yvette Lauwens, Jane Caro-Gardiner y Bruno Dori
La División de Traducciones de la Unesco
El servicio fotográfico de la Unesco

INTRODUCTION
Federico Mayor
Directeur Général de l'Unesco

INTRODUCTION
Federico Mayor
Director-General of Unesco

INTRODUCCIÓN
Federico Mayor
Director General de la Unesco

Si l'on totalisait le nombre de personnes qui ne savent ni lire ni écrire, on pourrait remplir cinquante millions de classes de vingt élèves.

Si impressionnants que soient ces chiffres, 1990, l'Année internationale de l'alphabétisation, a montré que la communauté internationale n'est pas découragée par l'ampleur du problème de l'analphabétisme et qu'elle sait se mobiliser pour y faire face.

La Conférence mondiale sur l'éducation pour tous, tenue en mars à Jomtien, en Thaïlande, a été l'occasion pour nous de manifester, avec éclat, notre engagement à libérer ces centaines de millions d'êtres humains de la prison de l'ignorance et, partant, de la pauvreté.

Telles les lettres de l'alphabet, symboles d'un ensemble de valeurs phonétiques, cet ouvrage, « Lettres de Vie », entend refléter les efforts consentis par la communauté internationale pour promouvoir et consolider un autre ensemble de valeurs — liberté, égalité, dignité, solidarité — qui, grâce à l'éducation, doivent être le fondement du monde de demain.

Dans ces pages, cinquante-deux photographies de Dominique Roger mettent en lumière, chacune à sa façon, les différentes facettes du courage et de la détermination de ceux qui déploient ces efforts. Ces textes ont été rédigés par des auteurs de renommée internationale dont l'engagement personnel témoigne de l'importance des enjeux de l'alphabétisation.

Tous d'ailleurs n'ont pu figurer dans cet ouvrage, mais leur témoignage demeure, comme le texte de Salim Ahmed Salim, Secrétaire général de l'OUA, démontrant que « la sécurité — la question de vie ou de mort — passe aujourd'hui par l'alphabétisation » ou l'observation de Gisèle Halimi, ancien Ambassadeur de France à l'Unesco, dénonçant « un humanisme unisexe, une politique à une voix, une culture masculine... inacceptable, impardonnable. Honteux. » Toutes ces positions, gravées dans nos mémoires, enrichissent et confortent notre détermination.

Leur message, écrit en « lettres de vie », vous paraîtra, j'en suis sûr, désormais incontournable.

LETTERS OF LIFE

The total number of persons not knowing how to read or write would fill fifty million classrooms, with twenty pupils in each.

Astonishing though these figures might be, 1990, International Literacy Year, has shown that the International Community is not daunted by the enormity of the illiteracy problem and is able to organize itself to deal with it.

The World Conference on Education for All, held in March in Jomtien, Thailand, provided us with the opportunity to express our fervent commitment to freeing these hundreds of millions of human beings from the shackles of ignorance, and hence from poverty.

Just as the letters of the alphabet are symbols of a phonetic value system, "Letters of Life" aims to reflect the International Community's efforts to promote and reinforce yet another system of values — that of freedom, equality, dignity and human solidarity — which, conveyed through education, will serve as the foundations for the world of tomorrow.

In these pages, the fifty two photographs by Dominique Roger each illustrate in a unique way the different aspects of the courage and determination of those who are engaging in such efforts. Each of these reflections has been signed by an international personality, whose personal commitment reflects the crucial implications of literacy.

Although we were unable to include all contributions in this book, the sentiments they expressed will be cherished, for example the words of Salim Ahmed Salim, Secretary-General of OAU, to the effect that "Nowadays, safety — a question of life and death — depends on literacy", or the passage in which Gisèle Halimi, former Ambassador of France to Unesco, denounced "A unisex humanism, univocal politics, a masculine culture... unacceptable and unforgivable. Heinous". All these views are engraved on our memory and will enrich and fortify our determination.

Their message, written in this "living alphabet", is one that I am sure you cannot now fail to find compelling.

LETRAS DE VIDA

Con todas las personas que no saben leer ni escribir, se podrían llenar cincuenta millones de aulas de veinte alumnos cada una.

A pesar de la magnitud impresionante de estas cifras, 1990, Año Internacional de la Alfabetización, ha demostrado que la amplitud que reviste el problema del analfabetismo no desanima a la comunidad internacional, y que ésta puede movilizarse para encararlo.

La Conferencia Mundial sobre Educación para Todos, que se celebró en marzo de este año en Jomtien, Tailandia, fue para nosotros una ocasión de proclamar en voz bien alta nuestro compromiso de liberar a estos centenares de millones de seres humanos de la prisión, de la ignorancia y, por ende, de la pobreza.

A semejanza de las letras del alfabeto, símbolos de un conjunto de valores fonéticos, esta obra, « Letras de Vida », tiene por objeto reflejar los esfuerzos desplegados por la comunidad internacional para fomentar y consolidar otro conjunto de valores —libertad, igualdad, dignidad y solidaridad— que, a través de la educación, deben convertirse en el fundamento del mundo de mañana.

En estas páginas, cincuenta y dos fotografías de Dominique Roger ponen de manifiesto, cada una a su manera, las distintas facetas del valor y la determinación de todos los participantes en este empeño. Los textos fueron escritos por autores de renombre, cuyo compromiso personal es testimonio de la importancia crucial que reviste la alfabetización.

No todos, por lo demás, pudieron figurar en esta obra, pero su testimonio permanece, como el texto de Salim Ahmed Salim, Secretario General de la OUA, que comprueba que « hoy día, la seguridad —cuestión de vida o muerte— depende ante todo de la alfabetización », o el comentario de Gisèle Halimi, ex Embajadora de Francia ante la Unesco, que denuncia « un humanismo unisexuado, una política de una sola voz, una cultura masculina... inaceptable, imperdonable, Vergonzosa ». Todas estas opiniones, grabadas en nuestra memoria, enriquecen y fortalecen nuestra determinación.

Estoy seguro de que este mensaje, escrito con « letras de vida », les será imprescindible de aquí en adelante.

Les adultes analphabètes sont toujours le plus durement frappés par la pauvreté. Les pays les plus pauvres sont ceux où le taux d'analphabétisme est le plus élevé. De l'Afrique à l'Amérique du Sud, comme en Asie, trop nombreux sont les pays qui disposent de trop faibles revenus du fait de ce seul handicap.

Notre tâche commune est de réduire l'analphabétisme chez les adultes, en particulier parmi les femmes. Les niveaux actuels doivent être réduits de moitié d'ici à l'an 2000.

Cela peut et doit être fait. En effet, pas plus qu'avec la violence, la démocratie ne saurait coexister avec l'ignorance : cela signifierait démocratie et pauvreté.

Adult illiterates are always the hardest hit by poverty. The poorest nations are those with the highest rates of illiteracy. From Africa to South America to Asia, too many countries have too little incomes, due to this single handicap. It is our common task to reduce adult illiteracy, particularly among women. Present levels must be cut to half by the year 2000.

This can and must be done. Moreover just as democracy and violence cannot co-exist, neither can democracy and ignorance, for that would mean democracy and poverty.

Los analfabetos adultos son siempre los más afectados por la pobreza. Las naciones más pobres son las que tienen los índices más altos de analfabetismo. En África, en América del Sur, en Asia, son demasiados los países cuya renta, a causa simplemente de este problema, es demasiado exigua.

Nuestra obligación común consiste en reducir el analfabetismo de los adultos, sobre todo entre las mujeres. Hay que rebajar a la mitad los niveles actuales antes del año 2000.

Esto es algo que puede y que debe hacerse. Pues así como la democracia y la violencia no pueden coexistir, tampoco pueden hacerlo la democracia y la ignorancia, ya que ello equivaldría a querer casar democracia y pobreza.

H.E. Mrs CORAZÓN C. AQUINO

« La paix n'a été possible au Costa Rica que parce que notre peuple a décidé de remplacer les fusils par les livres. Parce que nous avons décidé d'investir nos ressources dans l'éducation plutôt que de les gaspiller dans l'achat d'armement. Nos enfants ne connaissent ni hélicoptères, ni canons, ni chars, mais ils savent qu'ils peuvent aller à l'école gratuitement et qu'ils y trouveront des ordinateurs. C'est avec fierté que nous avons célébré l'Année internationale de l'alphabétisation. Nous devons consacrer tous nos efforts à faire en sorte que les bienfaits de l'éducation parviennent jusqu'à tous, partout dans le monde. Ainsi verrons-nous un jour naître un monde dans lequel les hommes et les femmes auront échangé les fusils contre des livres, les armes nucléaires contre des ordinateurs. Ce sera un monde de paix. »

Mais pour qu'il en soit ainsi, il faut que les portes de l'éducation s'ouvrent plus largement aux adultes et aux jeunes du monde entier.

Qu'il s'agisse de l'éducation pour la paix, pour le progrès ou pour le plaisir, le message de l'Année internationale de l'alphabétisation est clair : « l'éducation, c'est important ! »

"Peace has been possible in Costa Rica only because our people decided to replace guns by books, to invest our resources in education rather than waste them on armaments. Our children know nothing of helicopters, artillery and tanks, but they do know that they can go to school free of charge and that they will be able to work on computers there. We have celebrated International Literacy Year with pride. We must do everything we can to extend the benefits of education to everyone throughout the world. Then we shall one day see a world in which men and women will have traded guns for books and nuclear weapons for computers. That will be a world of peace."
For this to come about, however, the doors of education must be opened more widely to the adults and young people of the whole world.
Whether it is education for peace, for progress or for pleasure, the message of International Literacy Year is clear: "Education matters!"

«La paz ha sido posible en Costa Rica únicamente porque nuestro pueblo decidió sustituir los fusiles por los libros. Porque decidimos invertir nuestros recursos en educación en lugar de derrocharlos en la compra de armas. Nuestros hijos no conocen los helicópteros ni los cañones ni los tanques, pero saben que pueden ir gratuitamente a la escuela y que en ella encontrarán ordenadores. Debemos celebrar con orgullo el Año Internacional de la Alfabetización. Debemos dedicar todos nuestros esfuerzos a lograr que los beneficios de la educación lleguen a todos, en todo el mundo. De ese modo, un día asistiremos al nacimiento de un mundo en el que los hombres y las mujeres habrán cambiado los fusiles por libros, las armas nucleares por ordenadores. Será un mundo de paz.»

Ahora bien, para que así sea, es menester que las puertas de la instrucción se abran más ampliamente a los adultos y a los jóvenes de todo el mundo.

Ora se trate de la educación para la paz, para el progreso o para el deleite, el mensaje del Año Internacional de la Alfabetización es claro: «¡La educación es algo importante!»

A

OSCAR ARIAS

La biosphère inclut la totalité des organismes vivant à la surface du globe, chaque espèce affirmant son individualité, ses besoins et ses désirs, sous l'empire de règles communes à tous.

Platon, dans un de ses « Dialogues », parle de l'univers comme d'une sphère animée, un grand être vivant, parfait en soi, éternel et immuable. Ailleurs, il dit qu'au commencement la créature humaine aussi était une sphère parfaite et qu'à un moment donné elle s'est divisée en deux moitiés pour devenir l'homme et la femme, qui depuis lors n'ont plus cessé de tendre l'un vers l'autre en quête de leur unité perdue. Par ces belles images, le philosophe a exprimé notre profond désir d'un monde qui soit un lieu de plénitude et de cohérence.

L'aspiration à l'expression de soi, par laquelle nous affirmons notre individualité mais aussi notre engagement envers les autres, caractérise l'ère électronique qui est la nôtre comme elle a caractérisé l'ère de Gutenberg. Nos regards sont tournés vers un temps où tous seront capables de communiquer par écrit, où notre appétit de nous connaître nous-mêmes et les uns les autres à travers les mots sera satisfait, où le mot écrit, tel le grain de riz ou de blé, sera cultivé comme denrée de première nécessité et où, dès lors, la sphère humaine pourra accéder à la plénitude et, donc, à soi-même.

The biosphere encompasses all the living organisms on the surface of the globe, each species asserting its individuality, its needs and desires, within the framework of rules common to all.
Plato in one of his Dialogues speaks of the universe as an animate sphere, a great, living being, perfect in itself, eternal and immutable. Elsewhere he says that in the beginning the human creature also was a perfect sphere, which in time split into halves to become man and woman, who ever after have yearned toward each other in search of that lost unity. In these beautiful images the philosopher has expressed our longing that the world should be a place of wholeness and coherence.
The aspiration toward self-expression, through which we assert our individuality as well as our commitment to others, characterises our electronic age as it did the age of Gutenberg. We look toward a time when all people will be able to communicate in writing; when our hunger to know ourselves and each other through words will be allayed; when the written word, like the grain of wheat or rice, will be cultivated as a staple, so that the human sphere may come wholly into its own.

La biosfera abarca la totalidad de los organismos que viven en la superficie del globo terráqueo, y ofrece un marco de normas comunes a todos en el que cada especie afirma su individualidad, sus necesidades y sus aspiraciones.

En uno de sus Diálogos, Platón describe el universo como una esfera dotada de alma: un gran ser vivo, perfecto en sí mismo, inmutable y eterno. Y dice en otro lugar que, originariamente, el ser humano era también una esfera perfecta que, en cierto momento, fue dividida en dos mitades —hombre y mujer—, las cuales desde entonces tienden la una a la otra en incesante búsqueda de la unidad perdida. Bellas imágenes con las que el filósofo expresa el ansia humana de vivir en un mundo donde reinen la plenitud y la coherencia.

La aspiración de expresar el propio ser —por la cual afirmamos nuestra individualidad y nos damos, a la vez, a los otros— es tan característica de nuestra era electrónica como lo fue de la de Gutenberg. Tenemos la esperanza puesta en la hora en que todos serán capaces de comunicarse por escrito; cuando, mediante las palabras, saciaremos nuestra ansia de conocernos a nosotros mismos y conocernos los unos a los otros; cuando, a lo largo y ancho del mundo, cual si fuera trigo o arroz, se cultive la palabra escrita para alimento del hombre y para que la esfera humana alcance, de este modo, su plenitud.

JOHN BANVILLE

La beauté, à laquelle tous les êtres aspirent, car elle nourrit l'esprit et la sensibilité, exige que soient améliorées la qualité et l'efficacité de l'éducation.

Le monde serait plus beau s'il était plus juste et si tous les enfants y avaient accès à l'enseignement.

Le vrai progrès serait de parvenir à réduire l'analphabétisme avant la fin du siècle. La beauté entrera ainsi dans la vie de tous, en même temps que la vérité de la connaissance.

Beauty, to which all aspire as the food of the spirit and of feeling, requires the quality and effectiveness of education to be improved.

The world would be more beautiful if it were more just and if all the children in the world could go to school.

Real progress would consist in the reduction of illiteracy before the year 2000. Beauty would then enter everyone's lives together with the truth of knowledge.

La belleza, a la que todos los seres aspiran, por ser alimento del espíritu y de la sensibilidad, exige que se mejoren la calidad y eficacia de la educación.

El mundo sería más hermoso si fuera más justo y si en él todos los niños tuvieran acceso a la escuela.

El auténtico progreso consistiría en la reducción del analfabetismo antes de que acabe el siglo. Así entrará la belleza en la vida de todos, junto con la verdad del conocimiento.

Fernando Botero

FERNANDO BOTERO

Le laboratoire de la Haute Couture permet l'étude des formes et des volumes. L'espace, les satellites, la microscopie cellulaire, les ordinateurs et la géométrie sont mes sources d'inspiration. À travers l'alphabet, lire et écrire ouvrent chaque être humain à sa vérité.

The laboratory of Haute Couture studies forms and volumes. Outer space, satellites, cellular microscopy, computers and geometry are the sources of my inspiration. Using the letters of the alphabet, reading and writing reveal to each of us our individual truth as human beings.

El laboratorio de la Alta Costura permite estudiar las formas y los volúmenes. Me inspiro en el espacio, en los satélites, en la microscopía celular, en los ordenadores, en la geometría... A través del alfabeto, la lectura y la escritura descubren a cada ser humano su propia verdad.

PIERRE CARDIN

Si tu inscris dans chaque lettre
Ton cœur, tes pensées, ton visage
Alors tes paroles
Voyageront au loin
Elles te feront connaître
Elles te feront aimer

Si tu sais lire
Les mots venus d'ailleurs
À ton tour
Tu écouteras le monde
Tu grandiras.

If in each letter you write
Your heart, your thoughts, your face
Then your words
Will travel far
They will make you known
And loved.

If you know how to read
Words from elsewhere
Then in your turn
You will listen to the world
And grow up.

Si en cada letra pones
tu corazón, tus ideas, tu rostro,
entonces tus palabras
viajarán lejos
y harán que otros
te conozcan y amen.

Y si, a tu vez,
sabes leer
las palabras que llegan de fuera,
oirás al mundo,
crecerás.

andrée chédid

ANDRÉE CHÉDID

Le développement est un processus qui accroît les possibilités de choix. Il crée un environnement où les gens peuvent exploiter pleinement leurs potentialités pour mener des vies fécondes et créatives. La qualité de la vie de tout être humain — sa survie même, en fait — dépend de l'acquisition et de l'application de connaissances et de compétences, et de l'usage que chacun choisit d'en faire.

Au cœur du développement, il y a l'alphabétisme, ou aptitude à reconnaître et interpréter les représentations symboliques de notre réalité dans les différentes formes d'expression linguistique et culturelle — et à agir en conséquence. L'aisance à manipuler ces symboles — qu'ils s'expriment par le mot, le chiffre ou l'image — est essentielle à l'épanouissement de l'être humain. Satisfaire les besoins de chacun en matière d'apprentissages fondamentaux est donc un objectif capital si l'on veut œuvrer valablement et durablement à l'amélioration de la condition humaine.

Development is a process that increases choices. It creates an environment where people can exercise their full potential to lead productive, creative lives. The quality of life of all human beings — indeed their very survival — depends on the acquisition and application of knowledge and skills and the use to which people choose to put them.
At the heart of development is literacy — the ability to recognize, interpret, and act on symbolic representations of our world through various forms of language and cultural expression. Facility in manipulating these symbols, whether through the written word, numbers or images, is essential to effective human development. Thus, meeting the basic learning needs of all is a major goal of sustainable and lasting improvement in the human condition.

El desarrollo es un proceso que hace aumentar las posibilidades de elección, y crea un entorno en el que las personas pueden aplicar todo su potencial para llevar una vida productiva y creadora. La calidad de vida de todo ser humano —más aún, su supervivencia misma— depende de la adquisición y aplicación de conocimientos y técnicas, y de la utilización que se les dé.

En el centro del desarrollo está la alfabetización, la capacidad de reconocer e interpretar las representaciones simbólicas de nuestro mundo mediante diferentes formas de lenguaje y expresión cultural, y de actuar en consecuencia. La facilidad para manipular esos símbolos mediante la palabra escrita, los números o las imágenes es esencial si se quiere lograr un verdadero desarrollo del ser humano. Así pues, satisfacer las necesidades de aprendizaje básico de todas las personas es un importante objetivo para la mejora sostenida y duradera de la condición humana.

D

WILLIAM H. DRAPER III

Tout être humain représente un capital considérable de connaissances qui a assuré son développement et sa différence. Souvent, il l'a acquis par d'autres approches que l'écriture, et ses ressources intellectuelles se fondent sur une tradition qui n'appartient pas nécessairement à notre rationalisme occidental.

Les analphabètes ne sont pas des retardés. On ne peut utilement envisager l'alphabétisation sans volonté réelle de participation, c'est-à-dire sans tenir compte des connaissances des adultes, des réalités de la vie quotidienne, et de leur identité.

C'est par la concertation avec le public à alphabétiser, et avec l'aide des animateurs spécialisés, que doit s'établir un programme sur mesure.

La démocratie culturelle est une admirable occasion de fonder la démocratie tout court, par le développement des différences.

Every human being represents a great store of the knowledge that has determined his or her development and individuality. That knowledge has often been gained by other means than the written word, and that person's intellectual resources are rooted in a tradition that does not necessarily belong to our Western rationalism.
Illiterate people are not retarded. One cannot usefully set about literacy teaching in the absence of any real involvement: that is, without taking account of adults' knowledge, the circumstances of their daily lives or their identity.
It is through consultation with the people to be made literate and with the assistance of specialized instructors that tailor-made programmes should be drawn up.
Cultural democracy provides an excellent opportunity for laying the foundations of democracy as such by developing differences.

Todo ser humano representa un capital considerable de conocimientos que le ha asegurado su desarrollo y su diferencia. A menudo, lo ha adquirido abordando la realidad sin pasar por la escritura, y sus recursos intelectuales se basan en una tradición que no pertenece forzosamente a nuestro racionalismo occidental.

Los analfabetos no son retrasados mentales. No se puede plantear útilmente la alfabetización sin una voluntad real de participación, es decir, sin tener en cuenta los conocimientos de los adultos, las realidades de la vida cotidiana y su identidad.

Es menester ponerse de acuerdo con las personas que vayan a ser alfabetizadas y contar con la ayuda de los animadores especializados para establecer un programa a la medida de cada caso.

La democracia cultural es una ocasión admirable de cimentar la democracia sin más, y no el desarrollo de las diferencias.

GEORGINA DUFOIX

Miguel Angel Estrella

E

MIGUEL ANGEL ESTRELLA

L'éducation, en tout lieu de la planète, est espoir d'un destin meilleur.

Nous, qui avons accédé à la connaissance grâce à l'effort de familles modestes, savons qu'elle a multiplié nos possibilités : nous avons pu nous choisir un destin.

L'éducation n'est pas que la transmission d'un savoir. Sa véritable dimension se trouve dans la passion humaniste dont nous pouvons l'imprégner en l'ancrant dans un ensemble de valeurs morales. Ainsi font quelques artistes et intellectuels de MUSIQUE ESPÉRANCE, pour lesquels l'éducation englobe la culture, le développement, les droits de l'homme, la démocratie, la défense des cultures régionales et la participation des plus défavorisés à la création d'une meilleure qualité de la vie.

La musique, avec sa vocation harmonisatrice, nous a permis d'avancer en faisant un chemin que nous avons nourri du dialogue égalitaire. Nous avons appris à travailler *avec* les plus pauvres, et non *pour* les plus pauvres.

Throughout the world, education brings hope for a better life.
Those of us who have had access to education, thanks to the sacrifices made by our families from their moderate means, know that this has vastly increased our opportunities. We have been able to choose our own destinies.
Education is not only the transmission of knowledge. Its true dimension is to be found in the humanistic enthusiasm we bring to it and its fundamental underlying moral values.
Examples are provided by artists and intellectuals who are members of MUSIQUE ESPÉRANCE, *for whom education encompasses culture, development, human rights, democracy, the defence of regional cultures and participation by the least privileged in creating a better quality of life. Music, which is the search for harmony, helps us to advance on our way strengthened by a dialogue between equals. We learn how to work with, not for, the destitute.*

Educación, en cualquier rincón del planeta, es esperanza de un destino mejor.

Quienes hemos accedido al conocimiento gracias al esfuerzo de familias modestas, sabemos que nuestras opciones se han multiplicado: hemos podido elegir un destino.

La educación no es sólo transmisión de saber. Su verdadera dimensión se encuentra en la pasión humanista que podemos infundirle, sosteniéndola en un conjunto de valores morales. Es el caso de algunos artistas e intelectuales de MÚSICA ESPERANZA, para quienes educación engloba cultura, desarrollo, derechos humanos, democracia, defensa de las culturas regionales y participación de los más desfavorecidos en la construcción de una mejor calidad de la vida.

La música, con su vocación armonizadora, nos ha permitido ir haciendo un camino sustentado en el diálogo igualitario. Aprendimos a trabajar *con* los más pobres y no *para* los más pobres.

Nous tendons vers des relations mutuelles faites de respect et de solidarité, aussi éloignées du paternalisme que du parasitisme.

L'alphabétisation musicale s'effectue à partir des sources culturelles de chaque région. Accéder à l'apprentissage d'une langue universelle grâce aux danses et aux chansons qui appartiennent aux racines de sa propre culture donne aux plus pauvres la confiance et l'estime de soi, dont ils ont besoin pour se plonger avec foi dans la vie associative.

Ici, la pratique conduit nos équipes à acquérir progressivement la certitude qu'il est possible de venir à bout du vieux problème crucial de l'exode rural. L'horizon s'élargit sous l'impulsion d'initiatives locales qui font naître des ateliers de dessin, d'éducation sanitaire, de théâtre, de mécanique, de boulangerie, de jardinage, de danse, de couture... En animant ces programmes, nous nous sentons nous-mêmes en voie d'éducation à une forme de coopération qui transcende le formel pour se muer en une passionnante aventure créatrice.

We seek relations of mutual respect and solidarity, neither paternalistic nor parasitic. Musical literacy is taught using the cultural sources of each region. Access to the learning of a universal language by means of the songs and dances of one's own cultural environment will engender the confidence and self-esteem which very poor people need if they are to be able to immerse themselves trustingly in the activities of voluntary associations.
Work on these lines is gradually convincing our teams that it is possible to solve the crucial age-old problem of the drift from the countryside. New activities in the countryside broaden the horizon, and workshops are set up to teach drawing, health care, drama, mechanics, baking, vegetable gardening, costume and dance, etc. In encouraging such activities we feel that we are educating ourselves in a form of co-operation which goes far beyond any formal framework, and becomes an exciting creative adventure.

Buscamos relaciones de respeto y solidaridad mutuas, tan lejos del paternalismo como del parasitismo.

La alfabetización musical se realiza partiendo de las fuentes culturales de cada región. Acceder al aprendizaje de una lengua universal, valiéndose de las danzas y canciones de la propia raíz cultural, engendra la confianza y autoestima que necesitan los más pobres para sumergirse con fe en la vida asociativa.

Esta práctica va dando progresivamente a nuestros equipos la certeza de que es posible vencer el viejo y crucial problema del éxodo rural.

Las iniciativas rurales agrandan el horizonte y nacen talleres de dibujo, sanidad, teatro, mecánica, panadería, huerta, danza, costura...

Impulsando estos programas, sentimos estar educándonos en una forma de cooperación que trasciende lo formal, para convertirse en una apasionante aventura creadora.

Le « Littré » (1884) ne donne point d'« alphabétisation ». Dans mon « Trésor de la langue française » je le trouve au tome second, publié en 1973, avec un premier sens « vieilli » : *classement par ordre alphabétique* ; après quoi, un deuxième sens qualifié de « néologisme » : *enseignement pratique d'une langue à un groupe de personnes appartenant à des couches sociales ou à des groupes ethniques défavorisés.* Mais, dès 1959, je le trouve dans le « Petit Larousse ».

Cela, toutefois, me gêne : l'écriture chinoise, qui depuis des millénaires se perpétue, n'est pas alphabétique. Elle fut transcrite fort souvent au cours des siècles, en différents alphabets. Reste qu'elle fut et demeure une écriture de *caractères* et que, lorsqu'il fut question d'évacuer ceux-ci et de se contenter d'une transcription alphabétique, on comprit que cette alphabétisation ne permettrait plus de comprendre la langue chinoise classique destinée à la lecture et non point au langage parlé. Du fait de sa nature, elle pourrait nous offrir cette langue universelle — ce que se veut l'espéranto —, puisque quiconque peut la lire avec les yeux peut aussi la prononcer en sa propre langue. Et pourquoi oublier les deux alphabets japonais, le *hira-kana* et le *kata-gana*, syllabiques tous les deux, le premier constitué de fragments de caractères chinois, le second résultant d'une cursive ; le premier transcrit surtout des mots étrangers ; et n'oublions pas les *kanji*, de plus en plus nombreux, caractères chinoisés. Etc.

Alphabétisation me semble donc un mot inadéquat pour désigner *l'apprentissage des écritures.*

Cela précisé, de quelque mot ou groupe de mots que soit défini cet apprentissage, c'est le plus sûr moyen de promouvoir l'égalité des chances dans les civilisations qui n'en sont plus à la seule oralité.

The "Littré" dictionary (1884), even with its supplement, does not contain the word "alphabétisation" (literacy teaching). In "Trésor de la langue française" published in 1973, it is defined firstly (as "archaic") as alphabetical classification, *and secondly (as a neologism) as* teaching a language to a group of persons belonging to disadvantaged social strata or ethnic groups. *It is, however, found as early as 1959 in the "Petit Larousse".*
One thing that worries me is that Chinese writing, which has continued in use for thousands of years, is not based on letters. It has frequently been transcribed over the centuries. But the fact is that it has always been, and still is, written in characters ; *and when an attempt was made to replace the characters by a purely alphabetic transcription, it became obvious that an alphabet would no longer make it possible to understand classical Chinese, which is meant to be read, not spoken. By its very nature, Chinese could provide us with the universal language which Esperanto is intended to be, since anyone who can read it with their eyes can also speak it using their mother tongue. We should also bear in mind the two Japanese alphabets* hira-kana *and* kata-gana, *both of them syllabic, one consisting of fragments of Chinese characters, and used primarily to transcribe foreign words, and the other resulting from a cursive script. In addition, there are the* kanji *(inserted Chinese characters), which are now coming increasingly into use.*
In my view, therefore, « alphabétisation » is not the right word to use to designate learning to write.
That said, whatever word or group of words is used to define it, that process of learning is the surest way of promoting equality of opportunity in civilizations which have progressed beyond the oral society stage.

El « Littré » (1884), no recoge el término «alfabetización». En mi «Trésor de la langue française» aparece en el tomo segundo, publicado en 1973, con una primera acepción «anticuada»: *clasificación por orden alfabético;* después figura una segunda acepción calificada de «neologismo»: *enseñanza práctica de una lengua a un grupo de personas pertenecientes a capas sociales o grupos étnicos desfavorecidos.* Pero, desde 1959, la encuentro en el «Petit Larousse».

Sin embargo hay algo que me molesta. La escritura china, que se perpetúa desde hace milenios, no es alfabética. A lo largo de los siglos ha sido transcrita a menudo. Pero el hecho es que fue y sigue siendo una escritura de *caracteres* y que, cuando se planteó la cuestión de abandonarlos y de contentarse con una transcripción alfabética, se vio que esta alfabetización no permitirá comprender la lengua china clásica destinada a la lectura y no al lenguaje hablado. Por su naturaleza, esta escritura podrá servir de lengua universal —ambición del esperanto— porque todo el que puede leerla visualmente puede también pronunciarla en su propia lengua. Y por qué olvidar los dos alfabetos japoneses, el *hira-kana* y el *kata-gana,* ambos silábicos, el primero constituido por fragmentos de caracteres chinos, el segundo, resultado de una cursiva ; el primero transcribe sobre todo palabras extranjeras ; y no olvidemos los *kanji,* cada vez más numerosos: caracteres chinos. Etc.

Alfabetización me parece pues una palabra inadecuada para designar con propiedad el *aprendizaje de las escrituras.*

Una vez hecha esta precisión, sea cual fuere la palabra o grupo de palabras con que se define este aprendizaje, se trata del medio más seguro de promover la igualdad de oportunidades en las civilizaciones que han superado la simple oralidad.

ÉTIEMBLE

L'acceptation de la fatalité n'est que l'expression d'un manque de volonté de réussir, le refus des responsabilités, l'absence d'imagination et d'ambition.

L'acceptation de la discrimination à l'égard des femmes et de leurs filles peut être conçue comme une expression de la fatalité. Dissimulée le plus souvent sous une hypocrite considération verbale qui les exalte comme des vierges ou des déesses, cette mentalité leur refuse l'accès à l'éducation. Si le revenu familial s'accroît, la tradition veut qu'elles cessent tout travail, abandonnant toute responsabilité. Elles sont alors remplacées par une classe de femmes plus pauvres — phénomène symbolique du servage et de l'exclusion.

La lutte contre l'analphabétisme doit contribuer à lutter contre les perceptions de cette fatalité, faire changer les attitudes, les comportements, les sentiments, et lever ainsi les hypothèques par l'expression d'une solidarité mondiale.

The acceptance of fate merely reflects the lack of a desire to succeed, a refusal to accept responsibilities, the absence of imagination and ambition.
Acceptance of discrimination against women and against their daughters can be seen as expressing an acceptance of fate. This mentality, very often cloaked by hypocritical protestations of esteem that exalt them as virgins and goddesses, denies them access to education. If the family income increases, tradition demands that they give up all work, abandoning all responsibility. They are then replaced by a class of poorer women — and that symbolizes bondage and exclusion.
The fight against illiteracy must help combat this fatalistic mentality, produce changes in attitudes, behaviour and feelings, and thus remove all obstacles, by the expression of world solidarity.

La aceptación de la fatalidad no es más que la falta de voluntad de triunfar, la renuncia a toda responsabilidad, la ausencia de imaginación y de ambición.

La discriminación contra las mujeres y sus hijas puede considerarse una expresión de la fatalidad. Aunque se encubra a menudo bajo su exaltación hipócrita como diosas o vírgenes, esta mentalidad les niega el derecho a la educación. Cuando aumentan los ingresos familiares, la tradición quiere que dejen de trabajar, que abandonen toda responsabilidad. Entonces son reemplazadas por mujeres más pobres, fenómeno simbólico de la servidumbre y la exclusión.

La lucha contra el analfabetismo debe contribuir al combate contra la percepción de esta fatalidad, ayudar a cambiar las actitudes, las conductas y los sentimientos y suprimir así las barreras que se oponen a la expresión de la solidaridad mundial.

JEAN-MICHEL FOLON

Le sens critique, voilà ce que l'éducation en général et l'alphabétisation en particulier doivent par-dessus tout faire acquérir. La finalité de l'alphabétisation n'est pas de lire le mot, mais de comprendre le monde qui est caché, ou qui se révèle derrière lui. L'alphabétisé naïf n'est guère plus avancé, voire pas du tout, que l'analphabète. Le fait de savoir lire et écrire ne le libère pas, mais l'expose au risque d'être asservi par les mots, les pensées et les idées d'autrui. L'alphabétisation ne fait pas de lui un chercheur du savoir, mais simplement un consommateur d'information. Or, cette information ne l'éclaire pas sur le sens de son *être*, ni sur la nature des réalités sociales du monde qui l'entoure ; elle ne fait qu'encombrer son esprit de choses inutiles ou, pis encore, c'est une désinformation dangereuse. L'alphabétisation bien comprise doit commencer par une connaissance critique de soi-même et une investigation des réalités sociales, économiques et culturelles. La relation qui compte le plus dans l'alphabétisation, bien définie, n'est pas la relation entre l'œil et la page, mais entre la faculté critique de l'esprit et les complexités du monde.

The critical faculty, that is what education in general and an apprenticeship in literacy in particular must, above all else, engender. The purpose of literacy is not to read the word, but to understand the world which stands concealed or exposed behind it. The naive literate is little better off, if at all, than the illiterate. Literacy does not liberate him, but puts him in danger of being enslaved by the words, thoughts and ideas of others. It makes him not a seeker of knowledge, but merely a consumer of information. And that information does not illuminate the purpose of his being *or the nature of social realities in his world, but only clutters his mind with pointless information and, worse still, dangerous misinformation. Literacy to be meaningful must begin with a critical understanding of self and a searching examination of social, economic and cultural realities. The relationship which matters in literacy, meaningfully defined, is not that between the eye and the page, but that between the critical faculty of the mind and the complexities of the world.*

Capacidad crítica: a despertarla deben encaminarse, sobre todo, la educación en general y la alfabetización, en concreto. El objetivo de esta última no es enseñar a leer palabras, sino a entender el mundo que tras ellas se oculta o se expresa. Quien nada más sabe leer palabras aventaja muy poco, o en nada, al analfabeto. Esa capacidad no lo libera: más bien lo expone al riesgo de ser esclavizado por las palabras, pensamientos e ideas de otros. No lo convierte en un buscador de saber, sino en mero consumidor de información. Pero esa información no va a decirle nada sobre el sentido de su propio ser ni sobre la naturaleza de las realidades sociales de su mundo: atiborrará su espíritu de datos inútiles y, lo que es peor, de datos peligrosamente falaces. Una alfabetización bien entendida debería empezar por la comprensión crítica del propio yo y el examen de la realidad social, económica y cultural. Porque lo más importante en ella no es la relación que establece entre el ojo y la página escrita, sino la que propone al sentido crítico del espíritu las complejidades del mundo.

PAULO FREIRE

La géographie nous enseigne que la planète est composée de cinq régions culturelles. En Afrique, un adulte sur deux est analphabète. En Asie, un adulte sur trois. En Amérique du Sud, la situation est meilleure : une seule personne sur six ne sait ni lire ni écrire.

Néanmoins, la région Amérique latine compte environ 44 millions d'analphabètes. Mais, de 1976 à 1985, le nombre a baissé de 27,3 % à 17,3 % de la population, et 71 millions d'enfants fréquentent l'école primaire.

Reste 8,5 millions qui ne vont pas à l'école et tous ceux (27 %) qui quittent l'école avant d'accéder à la quatrième année d'enseignement. L'Amérique latine est la région du monde où le « taux d'abandon » est le plus élevé.

Seule l'élimination de l'analphabétisme éliminera la pauvreté économique et intellectuelle. Elle suppose une mobilisation de la population pour la conquête de son droit à la vie.

Geography tells us that the planet is made up of five cultural regions. In Africa, one adult in two is illiterate. In Asia it is one in three. In South America the situation is better: only one person in six can neither read nor write.
Still, illiterates in the Latin America region number almost 44 million. Between 1978 and 1985, however, the number fell from 27.3 per cent to 17.3 per cent of the population, and 71 million children attend primary school. This leaves 8.5 million children who do not go to school and all those who leave school before the fourth year (27 per cent). Latin America is the region of the world with the highest drop-out rate.
Only by eradicating illiteracy can economic and intellectual poverty be wiped out. This implies the mobilization of the people to win their right to life.

La geografía nos enseña que el planeta está compuesto por cinco regiones culturales. En África, uno de cada dos adultos es analfabeto, y en Asia, uno de cada tres; en América del Sur la situación es mejor, puesto que sólo una persona de cada seis no sabe leer ni escribir.

Con todo, en la región de América latina hay unos 44 millones de analfabetos. Aún así, de 1970 a 1985 la proporción disminuyó del 27,3% al 17,3% de la población, y el total de niños escolarizados en primaria es de 71 millones. Quedan 8,5 millones que no van a la escuela, a los que debe añadirse los abandonos escolares antes del cuarto año de enseñanza (27%). América latina es la región del mundo con el «índice de abandono» más alto.

Sólo erradicando el analfabetismo se pondrá fin a la pobreza económica e intelectual. Para ello hace falta que la población se movilice con miras a conquistar su derecho a la vida.

FRANÇOISE GIROUD

Les arts graphiques, de l'empreinte d'une main humaine enduite d'ocre rouge sur la paroi d'une grotte préhistorique aux images informatisées illustrant brillamment des notions complexes, expriment l'intelligence de notre espèce et notre volonté de communiquer le contenu de notre pensée.

Dans le monde d'aujourd'hui, la transmission des connaissances appropriées peut sauver des vies et accroître le bien-être : on le constate dans le domaine de la santé maternelle et infantile où s'accélère le rythme des succès qui se chiffrent par des millions de vies sauvées chaque année, et ce pour une large part grâce à la mise en commun du savoir disponible. L'une des clés de cette communication est l'alphabétisme — la capacité d'utiliser les simples symboles graphiques d'un alphabet pour accéder à la connaissance —, et lorsque cette clé est entre les mains des femmes, la vie des enfants, des familles et des sociétés devient meilleure.

À une époque où les images transmises par satellite servent parfois à montrer que des gens meurent encore de faim, le pari à tenir est celui de l'alphabétisme universel. Si nous nous décidons tous à travailler ensemble, ce but peut être atteint.

Graphic arts — from the human handprint in red ochre on a cave wall to brilliant computer illustrations of complex ideas — are a sign of the intelligence of our species, and of our will to communicate the content of our thought. In today's world, communicating the right knowledge can save lives and improve people's well-being, as we have seen in the field of maternal and child health, where millions of lives are being saved annually and at an accelerating rate, largely as a result of sharing knowledge which is already available. A principal key to such communication is literacy — the capacity to use flat graphic symbols of an alphabet to unlock the doors of knowledge — and when that key is in the hands of women, the lives of children, families and societies improve.
In an age when satellite pictures can be used to record people still dying of starvation, our challenge is universal literacy. If our will *is engaged... collectively... to work together, it is do-able.*

Las artes gráficas, desde la huella de una mano embadurnada con ocre rojo que encontramos en las paredes de las cavernas prehistóricas, hasta las brillantes plasmaciones informáticas de complejas ideas, son un signo de la inteligencia de nuestra especie y de nuestra voluntad de comunicar nuestro pensamiento.

En el mundo de hoy, comunicar los conocimientos adecuados puede salvar vidas humanas y mejorar el bienestar de la gente, como hemos visto en el campo de la higiene maternoinfantil, en el que todos los años se salvan millones de vidas, y a un ritmo acelerado, gracias en gran parte a la facilidad de compartir conocimientos disponibles. La llave maestra de esa comunicación es la alfabetización —la facultad de utilizar símbolos gráficos planos de un alfabeto para abrir las puertas del conocimiento— y cuando esta llave está en manos de la mujer, la vida de los niños, las familias y la sociedad mejora.

En una época en que los satélites transmiten imágenes de personas que se mueren de hambre, nuestro desafío se llama alfabetización universal. Si empeñamos nuestra *voluntad* colectiva de trabajar juntos, el objetivo está a nuestro alcance.

G
JAMES P. GRANT

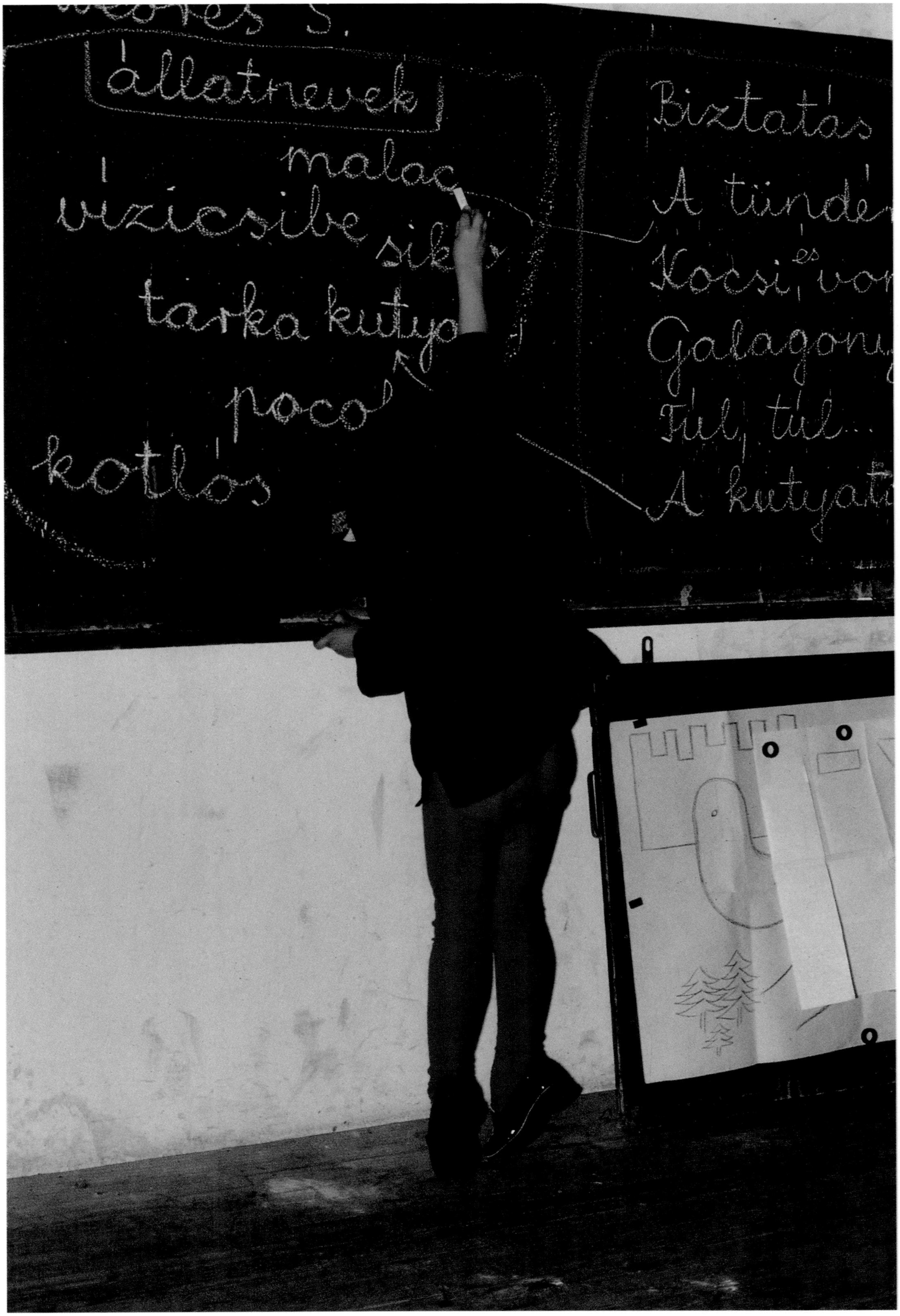
állatnevek
malac
vízicsibe
kotlós
Biztatás

L'Histoire accomplit, avec l'alphabéti-sation, la mission la plus pressante de l'homme.

L'analphabétisme, obstacle au pro-grès de l'éducation, empêche la com-préhension de soi et obscurcit la vision du monde. Il s'interpose entre les cultures et les horizons de l'avenir. Il gêne la diffusion des savoirs et la maîtrise des technologies. Il érige un écran entre l'homme de la ville et l'homme de la campagne. Il isole les zones rurales, aggrave les inégalités, génère la marginalité.

L'alphabétisation presse le pas col-lectif du genre humain, intègre les

cultures dans l'ascension générale et le partage des valeurs les plus hautes. C'est la seule voie qui s'offre pour *rattraper* les retards, *élever* l'humanité à la hauteur des défis démographiques, technologiques et moraux, *édifier* une civilisation éclairée.

C'est pourquoi, trois fois bénéficiaire de prix internationaux de l'alphabétisa-tion, le Maroc, fidèle aux trésors de la révélation islamique ouverte par le mot « LIS », constant dans l'effort inauguré par Notre Père, Feu Sa Majesté le Roi Mohammed V, a déjà intégré l'alphabé-tisation à sa propre histoire.

With literacy work, history carries out humanity's most urgent task.
Illiteracy hinders the progress of education, prevents one understanding oneself and obscures one's view of the world. It comes between cultures and the horizons of the future. It makes the spread of knowledge and the assimilation of technology difficult. It puts a barrier between people from the town and people from the country. It isolates rural areas, aggravates inequality and generates exclusion.
Literacy speeds the collective progress of the human race and brings cultures

together in the general ascent towards and sharing of the highest values. It is the only way there is of making good delays, raising humanity to the level of the demographic, technological and moral challenges facing it and building an enlightened civilization.
This is why Morocco, which has three times won international literacy prizes, is faithful to the treasures of the Islamic revelation opened up by the word "READ", and is constant in the effort begun by Our Father, his late Majesty King Mohammed V, has already made literacy an integral part of its own history.

Con la alfabetización, la Historia lleva a cabo la misión más apremiante del ser humano.

El analfabetismo, obstáculo al avance de la educación, nos impide comprendernos a nosotros mismos y oscurece nuestra visión del mundo. Se interpone entre las culturas y los horizontes del futuro. Es un obstáculo para la difusión de los saberes y el control de las tecnologías. Alza una pantalla opaca entre los habitantes de las ciudades y los del campo. Aísla a las zonas rurales, agrava las desigual-dades y engendra la marginalidad.

La alfabetización espolea la marcha colectiva del género humano, integra a

las culturas en el ascenso general y hace que compartan los valores más elevados. Es la única senda abierta para *recuperar* los atrasos, *alzar* a la humanidad a la altura de las nuevas perspectivas demográficas, tecnológi-cas y morales y *edificar* une civilización ilustrada.

Por eso, Marruecos, que ha obtenido en tres ocasiones premios internacio-nales de alfabetización, fiel a los teso-ros de la revelación islámica que se inicia con la palabra « LEE », tenaz en proseguir el esfuerzo iniciado por Nues-tro difunto Padre S.M. Mohammed V, ya ha integrado la alfabetización en su propia historia.

Sa Majesté Hassan II, Roi du Maroc

Faire une réalité du rêve de ce que nous, êtres humains, pouvons devenir. En chacun de nous bat le cœur de l'humanité. C'est cette pulsation commune qui nous rassemble, et à laquelle nos peurs nous ont rendus sourds et insensibles.

Pour nous rapprocher de notre idéal de vie, une vie fondée sur la liberté, la justice et la paix, nous devons, chacun, nous employer inlassablement à reconnaître ce lien qui nous relie au reste de la famille humaine et à aiguiser notre conscience de ce lien.

Chacun de nous est appelé à devenir ainsi, naturellement, un défenseur, un champion vigilant de la reconnaissance de la dignité et de la valeur inhérente à chaque être humain.

Tandis que germe la semence de l'éducation, qui vise au plein développement de toutes les potentialités humaines et à la défense du respect des droits de l'homme, nous ressentirons, chacun d'entre nous, la responsabilité et la joie d'être chaque jour la personnification de l'Humanité.

The realisation of the dream of what we human beings can become. The heartbeat of humanity beats in the heart of each and every one of us. It is the common nervous system which binds us together, and to which our fears have made us deaf and insensitive.

To come closer to our goal of life based on a foundation of freedom, justice and peace, we must all commit ourselves untiringly to acknowledging and refining our awareness of this connection with the rest of the human family.

This will lead each of us naturally to becoming a vigilant defender and promoter of the recognition of the inherent dignity and worth of each human being.

From the seed of education that is directed to the full development of the human potential and to the defence of the respect for human rights, we will each of us feel the responsibility and joy of being every day the embodiment of Humanity.

Hacer realidad las aspiraciones que el ser humano sueña acerca de sí mismo. Sentir dentro de cada uno de nosotros el latido del corazón de la humanidad. Un sistema nervioso que nos une a todos y al que nuestros temores nos han vuelto sordos e insensibles.

Para acercarnos al ideal de una vida basada en la libertad, la paz y la justicia, debemos entregarnos perseverantemente a la tarea de despertar y afinar nuestra conciencia de cuanto nos une con el resto de la familia humana.

Ello nos llevará a adoptar sin esfuerzo una actitud vigilante y comprometida en la defensa y promoción de la dignidad y valores inherentes a todo ser humano.

Y la semilla de una Educación orientada al pleno desarrollo del potencial humano, y a la defensa y el respeto de los derechos del hombre, engendrará en nosotros la responsabilidad y el gozo de sentirnos cada día la encarnación de la Humanidad.

BARBARA HENDRICKS

L'idéal est une idée force convertie en motivation, un objectif noble qui dynamise la volonté, une aspiration profonde capable de mobiliser. Les idées qui font vraiment bouger les collectivités sont généralement très peu nombreuses et très simples. Lorsque, dans l'histoire, des hommes et des femmes remarquables leur donnent une forme, ils mettent en paroles ce que nous reconnaissons tous comme fondamental ; ils savent deviner dans le cœur humain les désirs ardents que tous partagent et savent les transformer en consensus et en objectifs qui emportent l'adhésion.

Alors que le millénaire qui nous a vus naître s'achève, qui pourrait dire quelque chose de neuf et d'efficace à propos de cet idéal très ancien : que sur terre tous les êtres humains puissent vivre dignement ; que plus personne n'ait faim, qu'il n'y ait plus d'enfants sans avenir, plus de douleurs sans remèdes. Que l'on en finisse avec l'indigence, l'outrage et l'oppression que représente aujourd'hui le fait de ne savoir ni lire ni écrire.

An ideal is a forceful idea transformed into motivation, a noble objective which energizes one's will, a profound aspiration which can mobilize. The ideas which can actually rouse whole communities are very few in number and very simple. When the outstanding men and women of history give form to these ideas, they express in words what other people accept as fundamental; intuitively perceiving in the human heart the shared longings, and able to transform them into social consensus and inspiring objectives. At the close of the millennium which witnessed our birth, who can say something new and effective about this old ideal: that all human beings on earth should be able to live with dignity; that there should be no more hungry people, no more children without a future, and no more pain that cannot be soothed. May the destitution, outrage and oppression caused by not being able to read and write finally come to an end.

Ideal es una idea-fuerza convertida en motivación, un propósito noble que energiza a la voluntad, una aspiración profunda capaz de movilizar. Las ideas que en verdad mueven a las colectividades suelen ser muy pocas y muy simples. Cuando los hombres y las mujeres notables de la historia le dan forma a esas ideas ponen en palabras lo que otros aceptamos como fundamental; intuyen del corazón humano los anhelos compartidos y saben transformarlos en consensos y objetivos que arrastran.

Al cierre del milenio que nos vio nacer, quién pudiera decir palabras nuevas y eficaces sobre este viejo ideal: que todos los seres humanos sobre la tierra puedan vivir con dignidad; que no haya mas personas con hambre, niños sin futuro, ni dolores que no se pueden remediar. Que se acabe la indigencia, el ultraje y la opresión que significa, ahora, no saber leer y escribir.

ENRIQUE V. IGLESIAS

L'illettrisme n'est pas une soumission. L'analphabète est hors de la politique. De nombreux pays lui refusent le droit de vote et il est en fait exclu des institutions publiques — des coopératives, des conseils, comme en Inde. Et comment pourrait-il exiger une justice équitable, faire partie d'un jury ou même se défendre.

Les droits de l'homme exigent l'alphabétisation. Et même les cultures orales — condamnées à disparaître — ne peuvent se perpétuer que par l'intégration de leurs valeurs par l'écrit et la lecture.

Toutes les études le prouvent. L'illettrisme est un facteur d'isolement, de suicide, de toxicomanie, de crime même — et la cause de combien de mariages précoces et de maternités abusives.

Lire et écrire, c'est conquérir l'estime de soi.

Illiteracy must not be accepted as inevitable.
Illiterates have no place in political life. Many countries refuse them the right to vote, and they are in practice excluded from public institutions such as, for example in India, co-operatives and councils. It is impossible for them to obtain a fair trial, serve on a jury, or even defend themselves.
Human rights postulate literacy. Even oral cultures, now dying out, can only continue through the assimilation of their values by reading and writing.
All studies prove this. Illiteracy is a factor making for isolation, driving people to suicide, drug addiction and crime — it is the cause of countless early marriages and unwelcome pregnancies.
Knowing how to read and write means acquiring self-esteem.

El iletrismo no es una sumisión. El analfabeto está fuera de la política. Son numerosos los países que le niegan el derecho de voto y de hecho queda excluido de las instituciones públicas de las cooperativas y de los consejos, como en la India. Ya que, ¿cómo podría exigir una justicia equitativa, formar parte de un jurado o incluso defenderse a sí mismo?

Los derechos humanos exigen la alfabetización. E incluso las culturas orales —condenadas a la desaparición— no pueden perpetuarse sino gracias a la integración de sus valores por medio de la escritura y la lectura.

Todos los estudios lo prueban. El iletrismo es un factor de aislamiento, de suicidio, de toxicomanía, incluso de delincuencia — y la causa de multitud de matrimonios precoces y maternidades irresponsables.

Leer y escribir es conquistar la propia estima.

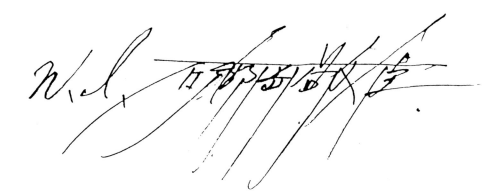

NORIYOSHI ISHIGOOKA

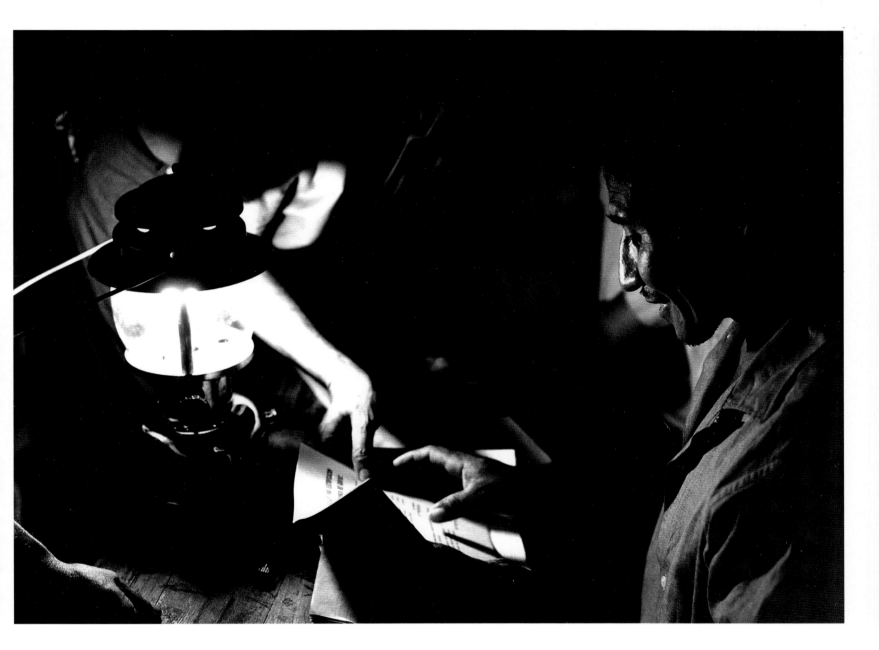

Juste cause que la bataille contre l'analphabétisme qui est une grande occasion de remettre en question tabous et préjugés, sources de malentendus et de stagnations qui sont à l'origine de la pauvreté.

On trouve malheureusement de nombreux exemples d'injustice sociale pas si loin de nous !

Est-il juste de vouloir éduquer les êtres humains dans l'idée, la plupart du temps, de mieux les contrôler ou de leur dispenser des connaissances pour mieux les exploiter ?

Est-il juste que les femmes des pays pauvres soient doublement défavorisées et doivent mener la lutte sur deux fronts : la pauvreté frappant chaque être humain quotidiennement dans les pays en voie de développement et leur condition de femme et de mère rendant leur situation encore plus insupportable.

Cette campagne mondiale est nécessaire et urgente pour accroître une prise de conscience de chacun et établir une meilleure justice sociale à l'échelle internationale.

The battle against illiteracy is a just cause and a magnificent opportunity to take a hard look at the taboos and prejudices that, by giving rise to misunderstandings and inertia, are the cause of poverty.
Sad to say, there are many instances of social injustice to be found close at hand.
Is it just to want to educate human beings with the aim, more often than not, of gaining greater control over them, or to give them knowledge so as, frequently, to exploit them more successfully?
In particular, is it just that women in poor countries should be doubly disadvantaged and have to fight on two fronts, every human being in developing countries being daily afflicted by poverty, but the situation of women, especially as mothers, being even more unbearable?
This world campaign is urgently needed to make us all more aware of the situation so that greater social justice can be established throughout the world.

Nada más justo que la batalla contra el analfabetismo, una gran ocasión para revisar los tabúes y prejuicios, fuentes de los equívocos y las inercias que originan la pobreza.

Por desgracia, no hemos de ir muy lejos para encontrar ejemplos de injusticia social...

¿Es justo educar a los seres humanos con el propósito de tenerlos mejor controlados o procurarles conocimientos que permitan explotarlos con mayor eficacia?

¿Es justo que las mujeres de los países pobres se vean desfavorecidas por partida doble, obligadas a luchar en dos frentes: la pobreza que aflige a diario al ser humano en los países subdesarrollados y su condición de mujeres y madres, que hace aún más insoportable su situación?

Esta campaña mundial es necesaria y urgente para promover entre todos una conciencia clara de la situación, de forma que podamos instaurar en el mundo un orden social más justo.

JEAN-MICHEL JARRE

Justice et analphabétisme sont incompatibles.

La justice pour tous, si essentielle à la condition humaine, est plus facile à assurer lorsqu'elle est garantie par des lois écrites. Les droits de l'homme eux aussi peuvent être mieux protégés quand les règles de conduite civilisée sont codifiées par écrit. Si les gens ne savent ni lire ni écrire, c'est l'accès à la justice et l'exercice de leurs droits fondamentaux d'êtres humains qui leur sont déniés.

La démocratie véritable est plus sensible aux attaques lorsque la population ne sait ni lire ni écrire. Quand le peuple ne trouve pas ses mots, la démocratie vacille.

Justice and literacy are integral.
Justice for all, so essential to the human condition, is more easily protected when guaranteed by written laws. And human rights can be better protected when there are written codes of civilized conduct.
Both access to justice and essential human rights are denied if people cannot read or write.
Genuine democracy is more easily undermined when the population cannot read or write. Democracy falters when its people are at a loss for words.

Justicia y analfabetismo son incompatibles.

Cuando existe la garantía de las leyes escritas, es más facil velar por algo tan esencial para la condición humana como que haya justicia para todos. Y los derechos humanos se protegen mejor allá donde se cuenta con códigos escritos de conducta civilizada. A las personas que no saben leer ni escribir se les deniega tanto el acceso a la justicia como los derechos humanos fundamentales.

La democracia genuina puede ser socavada con relativa facilidad si la población no sabe leer ni escribir. La democracia zozobra cuando quienes la sustentan callan porque les faltan las palabras.

PETER JENNINGS

Il est un kiosque à Dublin qui se dresse au cœur de Ballsbridge, à la croisée de deux grandes artères. Il offre à la circulation qui défile journaux, revues et magazines.

Les pôles d'une lecture sémantique sembleraient sauter aux yeux : ce sont les journaux étrangers et, se profilant au voisinage, les terrains de la Royal Dublin Society où ont lieu chaque année les manifestations internationales du « Spring Show » et du « Horse Show » et dont le nom rappelle le passé colonial du pays. Pour moi l'endroit a un autre sens : c'est ici qu'une vie empreinte de noblesse et d'intelligence a pris fin et qu'un ami très cher est mort de l'inattention d'un autre trop pressé de changer de file dans la circulation.

J'éprouve de la reconnaissance à la pensée que quiconque lira ces quelques mots puisse partager mon sentiment, que des gens même inconnus de nous puissent avoir connaissance de la force de ces émotions intimes.

There is a kiosk at the heart of Ballsbridge in Dublin, at the junction between two main roads. It serves newspapers, journals and magazines to the passing traffic.
It would be easy to make a "diagram" of meaning: the foreign newspapers, with the nearby grounds of the Royal Dublin Society in view, site of the annual international Spring Show and Horse Show, the title of the grounds a reminder of the colonial past of the country. The place has another meaning for me: it is here that a life of style and brilliance ended, and a beloved friend died through another's carelessness and haste, changing from one stream of traffic to the other.
I am grateful that my appreciation can be shared by whoever reads these notes: that people even unknown to us both can know about these intimate and powerful feelings.

En el corazón de Ballsbridge, en Dublín, en la confluencia de dos importantes arterias, hay un kiosco que ofrece a cuantos pasan diarios, periódicos y revistas.

Sería fácil componer con todos esos elementos un «diagrama» significativo: los periódicos extranjeros con los terrenos que se divisan próximos de la Real Sociedad Dublinesa, escenario de la Feria Internacional de Primavera y de la Feria del Caballo; la evocación del pasado colonial que se conserva en el título de la sociedad propietaria... Pero el lugar tiene para mí otro significado: allí se apagó una vida noble y luminosa, la de un querido amigo que murió por el descuido y el apresuramiento de otro al intentar pasar de una a otra calle.

Me consuela pensar que mi interpretación podrá ser compartida por quienes lean estas líneas: que personas desconocidas para ambos se enterarán, por ellas, de estos íntimos y profundos sentimientos.

THOMAS KINSELLA

40 000 kilomètres pour faire le tour de la Terre et découvrir l'infinie variété de l'humanitude, de ses cultures, mais aussi des drames humains qui endeuillent encore la planète. À quelques kilomètres des sauveteurs, une victime va mourir et ne pourra être secourue parce qu'une frontière les sépare et que le droit d'assistance humanitaire n'est pas suffisamment reconnu par tous les États.

Combien de kilomètres ont accompli les boat-people de la mer de Chine, les réfugiés d'Afrique, d'Asie ou d'Amérique latine pour chercher un havre de paix ou une zone de moindres périls? En kilomètres s'apprécient aussi les files d'attente des affamés, dénutris, analphabètes de la planète face à un point de ravitaillement ou un point d'eau. Cette campagne d'alphabétisation contribue à la lutte contre la pauvreté et la détresse. Il faut repenser les modes d'assistance et les techniques de solution, si nous ne voulons pas demain être contraints, faute de pouvoir les dénombrer, de mesurer en kilomètres le nombre des morts des catastrophes naturelles ou politiques. Les actions humanitaires privées et publiques doivent redéployer leurs moyens. Les individus doivent redéployer leur conscience. Les organisations internationales doivent redéployer leur savoir-faire. On évaluera alors en kilomètres les convois de la solidarité. L'équilibre rétabli entre pauvres et riches passera par un enrichissement de la communication, par le mariage parole-écriture-lecture qui, en participant au développement local, fixera les populations sur leur terre natale. On pourra alors peut-être parcourir les 40 000 kilomètres du tour de la Terre sans passer incessamment de l'opulence à la misère.

It takes 40,000 kilometres to travel around the Earth and see the infinite variety of humankind and its cultures, and of the human dramas which still cast their pall over our planet. Just a few kilometres from rescuers, someone will die because they are the wrong side of a border, and because humanitarian relief does not receive adequate recognition from all States.
How many kilometres did the boat people of the China Sea, and other refugees from Africa, Asia and Latin America, travel in their search for a haven of peace or at least somewhere where they would be less at risk? The queues that are formed in front of a source of water or food supplies by the starving, undernourished and illiterate are also measured in kilometres. This literacy campaign makes a contribution to the fight against poverty and distress. Fresh thought will have to be given to ways of providing relief and to problem-solving techniques if we do not want to be obliged tomorrow to measure the number of fatalities from natural and political catastrophes in kilometres, simply because we will be unable to count them. Private and public relief agencies must redeploy their resources. Individuals must redeploy their consciences. The international organizations must redeploy their expertise. Then the convoys bringing aid will be measured in kilometres. A better balance between the rich and the poor will call for better communication and the marriage of the spoken word, the written word, and reading which, being used in local development, will keep people on their native soil. We might perhaps then be able to travel the 40,000 kilometres around the Earth without ceaselessly alternating between opulence and destitution.

40.000 kilómetros para dar la vuelta a la Tierra y descubrir la infinita variedad de la humanidad y de sus culturas, pero también de los dramas humanos que siguen enlutando el planeta. A unos pocos kilómetros de los rescatadores, un damnificado va a morir sin que nadie lo pueda salvar porque una frontera le separa de los rescatadores, y el derecho de asistencia humanitaria no está suficientemente reconocido por todos los Estados.

¿Cuántos kilómetros han recorrido los *boat-people* del Mar de la China, o los refugiados de África, Asia o América Latina para encontrar un refugio de paz o una zona de menor peligro? En kilómetros se miden también las colas de espera de los hambrientos, los desnutridos, los analfabetos de todo el planeta, frente a un puesto de socorro o a una fuente. Esta campaña de alfabetización contribuye a la lucha contra la pobreza y la desesperación. Hay que reconsiderar las formas de asistencia y las técnicas de solución de problemas si no nos queremos ver, el día de mañana, en la obligación de cifrar en kilómetros las víctimas de las catástrofes naturales o políticas, porque será imposible contarlas. La acción humanitaria privada y pública debe redesplegar sus medios. Los humanos deben redesplegar la conciencia. Las organizaciones internacionales deben redesplegar sus conocimientos técnicos. Entonces se contarán en kilómetros las caravanas de la solidaridad. Para restablecer el equilibrio entre pobres y ricos será necesario enriquecer la comunicación y amalgamar la palabra, la escritura y la lectura, que, participando en el desarrollo local, asentarán a las poblaciones en su tierra natal. Entonces podrán recorrerse quizás los 40.000 kilómetros de la vuelta al mundo sin pasar continuamente de la opulencia a la miseria.

BERNARD KOUCHNER

Le langage écrit, nous le savons tous, est apparu il y a environ cinq mille ans. C'est alors que commence, avec le maniement des symboles écrits et le développement de la capacité d'abstraction de l'homme, l'histoire de l'intelligence humaine, apprenant à encoder et décoder un sens du réel.

C'est ce pas de géant que nous sommes aujourd'hui amenés à apprécier, pour en tirer les dernières conséquences et généraliser l'usage mondial de l'alphabet.

On peut penser que l'humanité deviendra adulte en permettant à chacun de découvrir sa réalité intérieure.

As we all know, written language made its appearance about 5,000 years ago. Then it was that, with the use of written symbols and the development of the capacity to think in abstract terms, the history of human intelligence began, learning to encode and decode awareness of reality.

This is the giant leap forward that we, today, have to learn to appreciate in order to take it to its logical conclusion and introduce the use of the alphabet worldwide.

It would be fair to say that humanity will become mature once each individual is able to discover his or her internal reality.

El lenguaje escrito apareció, como se sabe, hace unos cinco mil años. Con el manejo de los símbolos de la escritura, y el consiguiente desarrollo de la capacidad del hombre para la abstracción, comenzó la historia de la inteligencia humana, forjada en el aprendizaje de codificar y descodificar el significado de la realidad.

Sobre la importancia de este paso gigantesco reflexionamos hoy, para extraer sus consecuencias últimas y generalizar a todo el mundo el empleo del alfabeto.

Porque puede pensarse que la humanidad será adulta cuando permita a cada ser humano descubrir su propia realidad interior.

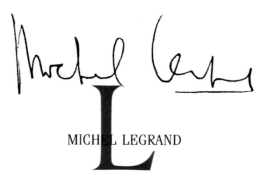

MICHEL LEGRAND

La liberté est simultanément source et conséquence d'alphabétisation, celle-ci offrant des moyens accrus pour la communication, élargissant aussi la participation aux pouvoirs, permettant enfin l'expression de soi selon des niveaux que ne connaissaient point les sociétés d'analphabètes.

On le voit bien avec les tout premiers ouvrages littéraires des paysans ou ex-paysans d'Ancien Régime, «néo-acculturés»; en veine d'autobiographie : Thomas Platter dans la Suisse alémanique du XVIᵉ siècle ; le capitaine Coignet et Jamerai Duval en France de l'Est au XVIIIᵉ siècle ; et quelques autres, bien rares encore avant 1789. Ces textes, souvent très rudes, jalonnent le passage d'un monde « sauvage » encore éloigné de nos références culturelles, jusqu'aux nouvelles approches où s'unissent déjà le village à demi-scolarisé, et le monde urbain fonctionnant comme réceptacle, puis comme diffuseur de la modernité intellectuelle. Proses passionnantes de ces ruraux, donc ; et qu'il conviendrait, le cas échéant, de rééditer à l'usage des analphabètes de notre temps, bientôt devenus, du moins l'espérons-nous, les alphabétisés du lendemain.

Liberty is both a source and a consequence of literacy, since literacy increases the means available to us for communicating, widens our participation in government, and enables us to express ourselves at levels unknown to the illiterate societies of the past.
This is well illustrated by the early literary works of Ancien Régime *peasants or former peasants when they became newly "acculturated" and turned their hand to autobiography: Thomas Platter, in German-speaking Switzerland in the sixteenth century; Captain Coignet and Jamerai Duval, in eastern France in the eighteenth century, and others, though not many before 1789. These texts, often crude in style, make the transition from an "uncivilized" world, still far from our frames of reference, right up to the new approaches to society in which there exist side-by-side the semi-literate village and the urban world which functions first as a receptacle and then as a disseminator of new intellectual trends. The writings of these rural authors are of absorbing interest. It might be a good idea to reproduce them for use by the illiterates of today, who will, we hope, shortly become the literates of tomorrow.*

La libertad es, a un tiempo, fuente y consecuencia de la alfabetización, en la medida en que ésta nos dota de más medios para comunicarnos, amplía nuestra participación en todas las instancias del poder y, finalmente, nos permite expresar la propia personalidad a niveles desconocidos por las sociedades iletradas.

Así lo ponen de manifiesto ciertas obras literarias primerizas de campesinos o antiguos campesinos del Antiguo Régimen que, reciente aún su acceso a la cultura, escribieron en plan autobiográfico: Thomas Platter en la Suiza germánica del siglo XVI; el capitán Coignet y Jamerai Duval en la Francia oriental, en el siglo XVIII; y algunos otros más, aunque muy pocos, con anterioridad a 1789. Dichos textos, a menudo toscos, jalonan la transición de un mundo «salvaje», todavía muy lejos de nuestras referencias culturales, a una sociedad en la que coexisten la aldea a medias escolarizada y el medio urbano que actúa como receptor y luego como difusor de la modernidad intelectual. Resulta, pues, apasionante leer la prosa de esos autores rurales; y tal vez convendría reeditarlos para uso de los analfabetos de hoy que muy pronto —eso esperamos, por lo menos— tendrán la posibilidad de leerlos.

EMMANUEL LE ROY LADURIE

Les mères alphabétisées meurent moins en couches, perdent moins d'enfants en bas âge, les font vacciner et leur famille connaît une meilleure hygiène. Voilà la première preuve des vérités de l'alphabétisation. Elles retrouvent aussi le plus souvent leur identité par rapport à l'homme et une place moins hypocrite dans la société.

L'alphabétisation c'est l'occasion pour toutes les mères du monde d'affirmer la véritable puissance du langage écrit et de léguer à leurs enfants la véritable marque du progrès.

Mothers who are literate are less likely to die in childbirth, have fewer children who die in infancy, take care to have their children vaccinated, and have healthier families. That is the first proof of the benefits of literacy. These women also most frequently establish their own identities in relation to men and take on a more legitimate role in society. Achieving literacy represents an opportunity for all mothers throughout the world to assert the real potency of the written word and to pass on this true symbol of progress to their children.

Las madres alfabetizadas mueren menos de parto, pierden menos hijos de corta edad, hacen vacunar a sus hijos, y proporcionan a sus familias mejores condiciones de higiene. Es una primera demostración de las ventajas de la alfabetización. La identidad de esas mujeres se afirma más con respecto al hombre, y su papel en la sociedad es menos hipócrita.

La alfabetización permite que todas las madres del mundo afirmen el genuino poder del lenguaje escrito y leguen a sus hijos la marca auténtica del progreso.

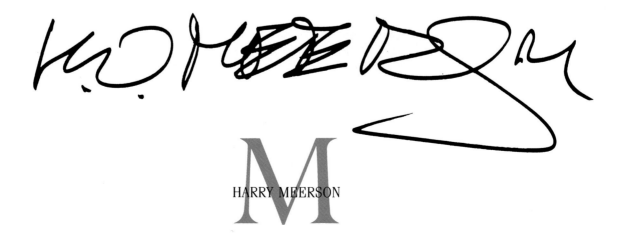

HARRY MEERSON

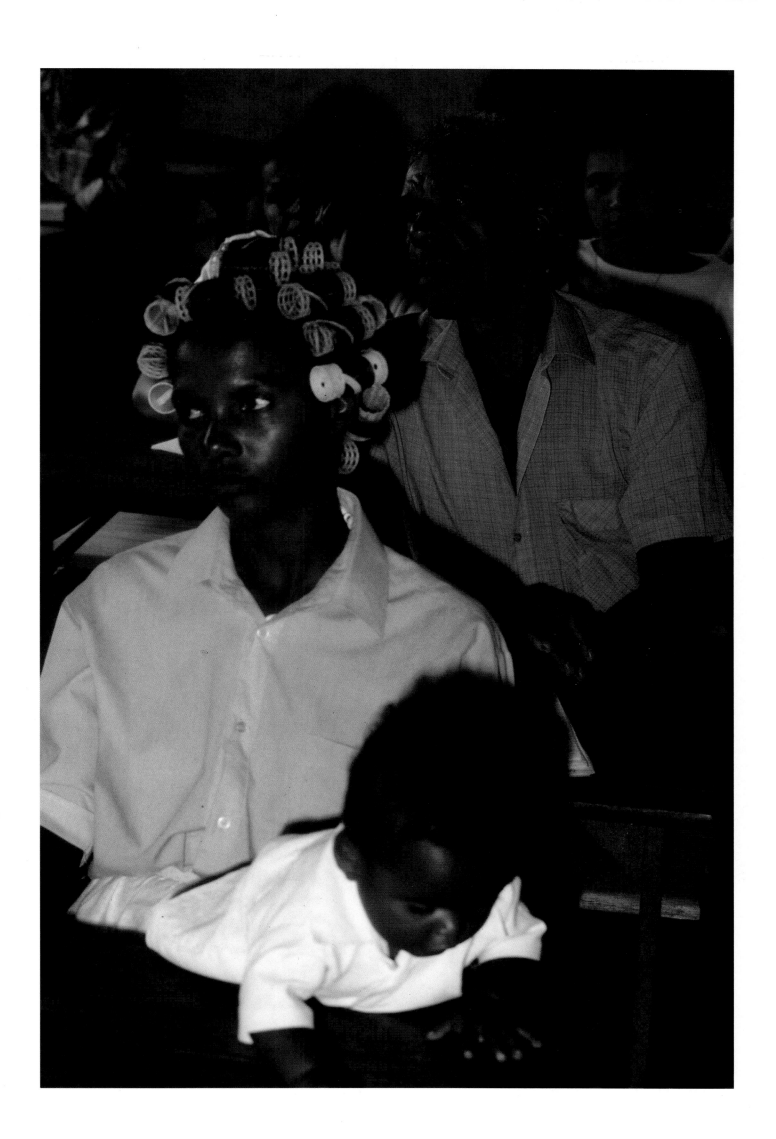

Comme l'avers et le revers d'une monnaie, le modernisme reste inséparable de la tradition. Ce n'est que par rapport à elle qu'il se définit. Il ne s'ancre dans une société que s'il correspond aux transformations réelles, progressives et nécessaires d'une culture.

A contrario, un modernisme imposé peut cristalliser les ruptures et les marginalisations.

L'éducation joue un rôle essentiel pour permettre à chacun de maîtriser le destin de son identité. Veiller à son développement constitue un devoir prioritaire ; un combat ancien mais ô combien moderne !

Like the two sides of a coin, modernism is inseparably linked to tradition, and can only properly be defined by reference to it. Modernism cannot take root in a society unless it reflects the real, gradual and essential changes taking place in a culture.
Modernism imposed from the outside may, by contrast, serve to accentuate rifts and alienation.
The role played by education in this regard is a vital one: providing each individual with the means of shaping the future of his or her identity. To ensure that education develops is a task of the utmost urgency; an age-old challenge, yet inescapably modern!

Como la cara y la cruz de una moneda, la modernidad es inseparable de la tradición. Sólo en relación con ella puede definirse. Su anclaje en una sociedad sólo se producirá si corresponde a las transformaciones reales, progresivas y necesarias de una cultura.

Por otro lado, una modernidad impuesta puede cristalizar las rupturas y las marginaciones.

La educación influye decisivamente en el dominio de la identidad propia de cada uno, y de su destino. Promoverla constituye un deber prioritario; un combate antiguo, pero siempre moderno.

MELINA MERCOURI

Quoi de nouveau en l'an 2000?

En 1990, un adulte sur trois est analphabète — 921 millions dans les pays en développement et 42 millions dans les pays industrialisés (moins de 5%), au total 963 millions.

En Asie, 678 millions d'analphabètes en 1990, en Asie de l'Est 24% de la population. La prévision pour la fin du siècle est de 17%, et en Asie du Sud un adulte sur deux est analphabète et le taux restera à 46% en l'an 2000.

En Afrique subsaharienne, 139 millions en 1990 (14% du monde); 40% en l'an 2000 contre 59,1% en 1985.

États arabes : 61 millions (6% du monde), mais 50% de la population adulte — 38,1% en l'an 2000.

Amérique latine : 11,3% en l'an 2000.

What will have happened by the year 2000?

In 1990, one adult in three is illiterate: 921 million in the developing countries and 42 million in the industrialized countries (less than 5 per cent), giving a total of 963 million.

In Asia, there are 678 million illiterates in 1990, amounting in East Asia to 24 per cent of the population. The forecast for the end of the century is 17 per cent, and in Southern Asia one adult in two is illiterate and the illiteracy rate will remain at 46 per cent in the year 2000.

In sub-Saharan Africa, there are 139 million illiterates in 1990 (14 per cent of the world total) and there will be 40 per cent in the year 2000, as against 59.1 per cent in 1985.

In the Arab States, there are 61 million illiterates (6 per cent of the world total) but 50 per cent of the adult population are illiterate. In the year 2000, it will be 38.1 per cent.

In Latin America, the percentage will be 11.3 per cent in the year 2000.

¿Novedad para el año 2000?

En 1990, uno de cada tres adultos es analfabeto: de un total de 963 millones, 921 millones en los países subdesarrollados y 42 millones (menos del 5%) en los países industrializados.

En Asia se cuentan hoy 678 millones de analfabetos. Por zonas, el 24% de la población en el Asia oriental, y uno de cada dos adultos en el Sur de Asia. Las previsiones para el año 2000 son que el analfabetismo afectará al 17% de la población del Asia oriental y al 46% de los adultos en el Sur de Asia.

En 1990, en el África al Sur del Sáhara hay 139 millones de analfabetos: el 14% de los que existen actualmente en el mundo. Suponían en 1985 el 59,1% de su población adulta; serán el 40% de ella en el año 2000.

En los estados árabes: 61 millones de analfabetos —cifras de hoy—, es decir, el 6% de los analfabetos del mundo. Pero eso equivale al 50% de su población adulta, porcentaje que disminuirá sólo al 38,1% en el año 2000.

En cuanto a Latinoamérica, todavía habrá un 11,3% de analfabetos en el año 2000.

PHILIPPE NOIRET

Ne feignons pas d'être aisément indignés ou émus : nous imaginons mal ce que peuvent être l'infirmité, l'injustice, la prison de l'analphabétisme. Nécessité ? C'est peu dire. Il s'agit d'un besoin primordial, d'une conquête qui conditionne les autres, d'un seuil que l'homme doit franchir pour entrer dans la familiarité de son siècle.

Nous qui avons tout reçu des mots, nous mesurons mal ce trou noir : 900 millions d'humains condamnés à une pensée rudimentaire, à la solitude de l'intelligence, et à être les jouets de toutes les manipulations. La poésie, la prédication, la mémoire même des hommes peuvent, un moment, être orales — mais le libre examen, la réfutation, l'Histoire supposent le texte. Toute liberté passe par le texte. La lecture et l'écriture sont notre seconde naissance. Les offrir, c'est donner une deuxième fois la vie.

It is easy to feel moved or show indignation, but we do not in fact realize the disqualification, the injustice, the prison-house that is represented by illiteracy. It is not enough to say that literacy is a necessity; it is a primordial need, a conquest on which all others depend, a threshold which men and women must cross if they are to belong to their century.
We who owe everything to words can hardly comprehend the black hole into which are thrust, black hole of 900 million human beings condemned to the most rudimentary kind of thinking, to a solitude of intelligence, and to being the plaything of all kinds of manipulations. Poetry, preaching, even human memories have a stage of being oral; but freedom to examine the power of refutation, and History itself, presuppose a written text. The written word is the key to all freedoms. Reading and writing are our second birth. By making them available, we give life twice over.

No finjamos una indignación o una emoción fáciles: mal podemos imaginar lo que el analfabetismo tiene de invalidez, de injusticia, de cárcel. ¿Que la alfabetización es una necesidad? Es decir poco. Porque se trata de algo primordial, de una conquista que condiciona todas las demás, de un umbral que debe franquear el hombre para no sentirse desplazado en su siglo.

Quienes todo lo hemos recibido de las palabras medimos mal ese agujero negro: 900 millones de seres humanos condenados a una rudimentaria forma de pensar, a la soledad de la mente, a ser juguete de todo tipo de manipulación. La poesía, la predicación, incluso la memoria de una sociedad, pueden ser orales un tiempo, pero el libre examen, la refutación, la Historia presuponen un texto. Todas las libertades pasan por lo escrito. Nacemos por segunda vez cuando aprendemos a leer y escribir. Y dar a otro la posibilidad de hacerlo es darle nuevamente la vida.

FRANÇOIS NOURISSIER

L'opinion doit en prendre conscience. Notre avenir dépend de la connaissance et de l'éducation du plus grand nombre. De toutes les exigences sociales et humaines, la lutte contre l'analphabétisme est l'une des plus essentielles. Elle passe par la disparition de la misère économique, le progrès du niveau de vie, et la paix.

On ne peut tolérer qu'un milliard d'analphabètes soit exclu des réalités culturelles de la planète.

Aucun équilibre, aucun avenir juste ne sont envisageables dans le monde tant que l'opinion publique ne considère pas l'alphabétisation comme une ardente obligation.

Public opinion must come to realize that our future depends on the knowledge and the level of education of the majority. Efforts to eradicate illiteracy are a response to one of the most essential of social and human needs. They imply the eradication of poverty, higher standards of living, and peace.

It is intolerable that one thousand million illiterates should be cut off from world culture.

No balance and no just future will be possible in the world until public opinion considers literacy work a categorical obligation.

La opinión pública debe darse cuenta de que nuestro futuro depende del saber y de la educación de los más. De cuantas exigencias plantean hoy la sociedad y el hombre, la lucha contra el analfabetismo es una de las más esenciales, puesto que implica la erradicación de la miseria, la elevación del nivel de vida y, en último término, la paz.

No puede tolerarse que mil millones de analfabetos estén privados del acervo cultural del planeta.

Mientras la opinión pública no sienta la alfabetización como una obligación acuciante, no cabrá pensar en un equilibrio ni en un futuro justo para el mundo.

CHRISTINE OCKRENT

L'oral a été, pendant des millénaires, le seul moyen de communication des idées, des sentiments, des images. Dans de vastes régions de notre monde, la tradition orale reste l'héritière incomparable, pleine de sagesse et de charme, des aèdes et des rhapsodes qui récitaient les poèmes auxquels s'attache le nom d'Homère.

L'alphabétisation n'est pas plus l'ennemi de l'oral que la télévision et ses images, l'informatique et ses réseaux ne sont les ennemis de l'écrit. Tout progrès technique qui ne se nourrirait pas de la tradition culturelle d'où il sort serait d'avance condamné. L'alphabétisation n'est pas la mort de l'oral. Elle est sa transfiguration et sa gloire, elle est sa promesse de survie. Le plus beau rêve de l'écrit, c'est d'être de l'oral conservé qui passe de main en main pour répandre parmi tous la dignité du savoir.

For thousands of years the spoken word was the only form of communicating ideas, feelings and images. In vast regions of the world, oral traditions still represent the unique inheritance, full of wisdom and charm, handed down by bards and rhapsodists reciting poems of the kind we describe as homeric. Literacy is no more antagonistic to the spoken word than television with its images, or computers with their networks, are antagonistic to the written word. Technological progress which does not draw sustenance from its surrounding cultural tradition is condemned in advance to failure. Literacy does not mean the death of the spoken word. It is its transfiguration, its glorification, its promise of survival. The finest ideal of the written word is to preserve the oral word for passing on, so that it may spread to all humankind the dignity of knowledge.

La palabra hablada ha sido durante miles de años el único medio para comunicar ideas, sentimientos, imágenes. Todavía hoy, en amplias zonas de nuestro mundo existe una tradición oral, rebosante de sabiduría y encanto, heredera sin par de aquellos aedos y rapsodas que recitaban los poemas homéricos.

La alfabetización no es enemiga de lo oral, como no lo son de la palabra escrita la televisión con sus imágenes y la informática con sus circuitos. Cualquier progreso técnico que no se nutriera de la propia tradición cultural que lo ha creado estaría condenado al fracaso. La alfabetización no supone la muerte de la palabra hablada: es su transfiguración, su gloria, su garantía de supervivencia. El sueño más hermoso de la escritura es ser la perpetuación de una palabra, que irá de mano en mano difundiendo entre todos la dignidad del saber.

JEAN D'ORMESSON

Accueillis par les chaleureux sourires de la pleine harmonie, entourés de voix qui leur prodiguent l'encouragement, respectés dans leurs jeux et dans leurs efforts, nourris d'aliments fortifiants, baignés d'eau claire, sous la protection d'un bon toit et de la panoplie des vaccins, de petits bébés deviennent filles et garçons, femmes et hommes, prêts pour l'éducation, prêts pour le développement et prêts à donner à leur tour à leurs enfants les mêmes bases solides de survie et d'épanouissement ; prêts à édifier la paix.

Restent tous les petits enfants, les filles, les garçons, les femmes et les hommes qui souffrent des maux de la pauvreté et de la violence : pour eux, apprendre à lire et à écrire, c'est accéder à de nouvelles possibilités de changer les choses pour faire que la vie soit meilleure pour eux-mêmes et pour leurs enfants ; pour édifier la paix.

Babies, who are greeted with the warm smiles of togetherness, who listen to voices filled with encouragement, who are respected for their play and efforts and cared for with nutritious food, clean water, a shelter and a full range of vaccinations become girls and boys, women and men well-prepared for education, for development and for giving their child in turn the same good foundation for survival and development; for peace-building.
And for all those babies, girls and boys, women and men who fare ill in poverty and violence, learning to read and write opens up new opportunities for change towards a better life for themselves and for their children; for peace-building.

Si los acogemos con cálidas sonrisas de ternura, si les dirigimos palabras de aliento, si respetamos sus juegos y valoramos sus esfuerzos, si les proporcionamos una alimentación sana, agua pura, un techo y la amplia protección de las vacunas, nuestros pequeños se convierten en chicos y chicas, hombres y mujeres bien preparados para la educación, para su desarrollo personal y para procurar a sus propios hijos esa misma base de supervivencia y de desarrollo; para forjar la paz.

Y si a todos esos niños, chicas y chicos, mujeres y hombres que sufren la pobreza y la violencia les enseñamos a leer y a escribir, estamos dándoles nuevas posibilidades de lograr una vida mejor para ellos y para sus hijos; de forjar la paz.

LISBET PALME

« Pauvreté n'est pas vice », dit un adage français. Certainement. Et il y a une noblesse de la pauvreté. Mais une noblesse au prix de la douleur, douleur de la privation, de l'ignorance, du rejet. Cette douleur est le destin de la classe humaine la plus nombreuse sur cette terre.

Au sein des familles seulement occupées à la survie, ce sont les femmes qui subissent le destin le plus humilié : il y a deux fois plus d'analphabètes chez les filles que chez les garçons. L'injustice engendre l'injustice.

Où est la culture en dessous du nombre de calories suffisant ?

Que lire fasse mieux vivre n'a pas de sens pour les hommes contraints de lutter pour simplement continuer d'exister. Alphabétiser est donc se battre, en priorité, contre la condition misérable du sous-prolétariat planétaire, aider et inciter les peuples au développement.

"Poverty is not vice" goes the old saying. That is very true. There is even nobility in poverty, but nobility at the price of suffering, the suffering of deprivation, ignorance and rejection. Such suffering is the lot of the most numerous class of human beings on this earth.
In families whose sole concern is survival, it is the womenfolk who are fated to be the most humiliated: there are twice as many illiterates among girls as among boys. Injustice engenders injustice.

How can culture exist when people do not have enough to eat?
To say that knowing how to read improves one's living conditions is meaningless to those who are forced to struggle simply to go on living. Literacy work must therefore give priority to waging war on the wretched condition of the subproletariat throughout the world, and to providing assistance and encouragement to peoples for their development.

«La pobreza no es un vicio», reza un antiguo adagio francés. Y con razón. Hay en ella cierta nobleza. Pero una nobleza que se paga con dolor: con el dolor de la privación, de la ignorancia, del rechazo. Pues bien: este dolor es el destino del grupo humano más numeroso de la Tierra.

En las familias cuya preocupación predominante es sobrevivir, las mujeres llevan la peor parte: hay el doble de analfabetos entre las niñas que entre los muchachos. La injusticia engendra injusticia.

¿Qué cultura puede haber cuando no se alcanza el mínimo vital de calorías? Para unos seres humanos constreñidos a ganar día a día por su supervivencia carece de sentido eso de que la lectura mejora la calidad de vida. Alfabetizar supone, por encima de todo, combatir la mísera situación en que vive el subproletariado del planeta: ayudar e incitar a los pueblos al desarrollo.

LOUIS PAUWELS

L'analphabétisme est l'un des pires fléaux qui affectent l'homme, limitant son accès au savoir, l'empêchant de s'adapter à la technologie moderne qui a été mise au point par les pays avancés. Éliminer l'analphabétisme d'une collectivité quelle qu'elle soit, c'est faire résolument un pas en avant vers toutes les chances que nous offre l'avenir. Combattre l'analphabétisme est une noble façon d'ouvrir la voie à une vie meilleure et d'affirmer l'aptitude de l'homme à affronter le progrès dans tous les domaines de l'activité humaine. Qu'il suffise de dire que l'alphabétisme aide l'individu à trouver un bon emploi, à respecter les règles d'une bonne hygiène et à élever ses enfants comme il convient.

Illiteracy is one of the worst plagues affecting humankind. It hinders access to knowledge by men and women, preventing them from adapting themselves to the present available technology which has been developed by the advanced countries. To eradicate illiteracy from any community is to take a firm step forward the opportunities of the future. Fighting illiteracy is a noble means of achieving a better life and of asserting one's ability to keep up with progress in all fields of human activity. Suffice it to say that literacy helps a person to find worthwhile employment, to follow the rules of healthy living and to bring up children properly.

El analfabetismo es uno de los peores azotes de la humanidad, pues cercena su saber y le impide adaptarse a la tecnología actual desarrollada por los países adelantados. Erradicarlo de una comunidad dada significa dar realmente un paso adelante en la dirección del mayor número de posibilidades que el futuro encierra. Combatir el analfabetismo sigue siendo una herramienta nobilísima para alcanzar una vida mejor y afirmar la capacidad propia de adaptarse al progreso en todos los ámbitos de la actividad humana. Baste con decir que la alfabetización ayuda a conseguir un trabajo satisfactorio, a mantener un buen nivel de higiene y a ser capaces de criar como conviene a los hijos.

SAUD SAQR AL-QASIMI

Sur la qualité, la citation la plus célèbre est probablement celle qui est tirée du «Marchand de Venise», de Shakespeare. Portia proclame : «La qualité (dans la clémence) ne se commande pas. Elle tombe du ciel comme une pluie douce...»

Le mot «qualité» a toujours fait penser à quelque chose de très grand et très droit. Au-dessus des choses ordinaires. Pour moi, c'est un mot royal. Un mot qui perd toute sa signification. L'ordinaire est devenu davantage à la mode.

Une personne de qualité, aujourd'hui, est tenue pour quelque peu excentrique.

Dommage. C'était un mot merveilleux pour lequel on luttait dans la vie. J'espère qu'il reviendra, paré de toutes ses qualités.

Possibly the most quoted phrase on Quality is in Shakespeare's Merchant of Venice. *Portia says "The quality of mercy is not strained. It droppeth as the gentle rain from heaven...".*
I have always thought of Quality as being very tall and straight.
As being above ordinary things. To me it is a regal word. It is a word whose significance is gradually disappearing. Ordinariness has become more fashionable.
A person of Quality today is looked upon as slightly eccentric.
Too bad. It was a beautiful word to strive for in life. I hope it comes back, with all its qualities.

Tal vez la frase más citada a propósito del término «nobleza» sea la que escribió Shakespeare en *El mercader de Venecia*. Dice Portia allí: «La nobleza del perdón no se fuerza. Cae del cielo como lluvia mansa...»

La palabra «Nobleza» siempre ha evocado en mí la idea de algo muy alto y muy recto. Algo muy por encima de las cosas corrientes. Algo de resonancias regias.

Pero es una palabra que está perdiendo progresivamente sentido, porque la moda de hoy es lo ordinario.

Llamar hoy noble a una persona es tildarla, en cierto modo, de excéntrica.

¡Lástima...! Era una hermosa palabra, por la que merecía la pena esforzarse. Confío en que vuelva a ponerse de moda con todo su valor.

ANTHONY QUINN

La révolution serait-elle l'élimination de l'analphabétisme dans la société ? Est-ce réalisable ? L'ordinateur va-t-il modifier la place de la lecture ? L'ère de l'informatique va-t-elle éclipser l'ère de Gutenberg ? Assistons-nous à la fin du savoir par le livre ?

N'exagérons-nous pas l'ampleur des changements technologiques et leur pouvoir ? Est-ce que 32,8 kg de consommation de papier par tête d'habitant aux États-Unis, 35,2 kg dans les pays développés (contre 1,8 kg en Afrique et 3,5 kg en Asie) représentent le plus haut sacrifice que les écologistes peuvent consentir à la consommation culturelle mondiale ? Est-il possible que les nouveaux moyens audiovisuels et télématiques transforment la diffusion de la culture et éclipsent le crayon et la plume ?

Quoi qu'il arrive, l'avenir du monde et celui de la démocratie exigent une presse libre, des livres non censurés, des bibliothèques publiques, des services postaux fiables, c'est-à-dire des moyens de libération de l'homme qui restent fondés sur le vieil alphabet. Toute révolution passe par lui.

Might the next revolution be the elimination of illiteracy in society? Is it a practical possibility? Will computers displace reading? Will the computer age overshadow the age of Gutenberg? Is this the end of learning from books?
Are we perhaps exaggerating the scope and influence of technological change? Does the consumption of 32.8 kg of paper per inhabitant in the United States, and 35.2 kg in other developed countries (as against 1.8 kg in Africa and 3.5 kg in Asia), represent the ultimate sacrifice ecologists are prepared to make to cultural consumption throughout the world? Is it possible that the new audio-visual media and services provided by information technology will revolutionize the spread of culture, and take over from the pencil and the pen?
Whatever happens, the future of the world and of democracy calls for a free press, no book censorship, public libraries, reliable postal services — in other words, ways of liberating humankind which continue to be based on the age-old alphabet, so that the alphabet will be the key to any revolution.

¿Y no sería una revolución eliminar el analfabetismo en la sociedad? ¿Puede hacerse? ¿Va a desplazar el ordenador a la lectura? ¿Eclipsará la era de la informática a la era de Gutenberg? ¿Estamos asistiendo al final del saber por el libro?

¿No estaremos, tal vez, exagerando el alcance de los cambios tecnológicos y su fuerza? ¿O es que los 32,8 kg de consumo de papel por habitante y año en los Estados Unidos, y los 35,2 kg de los países desarrollados (frente a 1,8 kg en África y 3,5 kg en Asia), constituyen el máximo sacrificio que los ecologistas pueden consentir el consumo cultural de la humanidad?

¿Será posible que los nuevos medios audiovisuales y telemáticos transformen la difusión de la cultura y arrumben lápices y plumas?

Pase lo que pase, el futuro del mundo y el de la democracia exigen una prensa libre, libros sin censurar, bibliotecas públicas, servicios postales fiables, es decir, la existencia de unos medios liberadores del hombre que se funden en el viejo alfabeto, por el que tiene que pasar cualquier revolución futura.

RÉGINE

Traditionnellement, le terme « alphabé-tisme » désigne la capacité élémentaire de manier les symboles que nous appelons la lecture et l'écriture. L'acquisition de cette capacité, qui fait appel à un processus d'apprentissage imparfaitement élucidé, amène à des niveaux de compétence ou de perfection différents — comme l'indique l'expression « alphabétisme fonctionnel ».

Les besoins de la recherche et de la culture entraînent une diversification permanente des compétences utiles pour la vie en société, au point que l'on parle à l'heure actuelle de culture informatique, d'aptitude numérique (voire d'inaptitude numérique par analogie avec l'analphabétisme). Toutefois, le fait que nous comprenions mal comment ces compétences peuvent le mieux s'acquérir met en lumière l'écart entre notre aptitude à découvrir de nouveaux instruments riches de possibilités et l'absence d'une stratégie efficace permettant de les enseigner dans différentes cultures à différentes générations, etc. C'est dans ce domaine qu'il faut d'urgence entreprendre des recherches.

Traditionally, the term "literacy" has encompassed the basic symbol manipulating skills, we call reading and writing. These skills which entail a not-too-well understood learning process, are acquired at different levels of competence or perfection — as the expression "functional literacy" denotes.
Research and cultural needs lead to a continuing diversification of societally useful skills to a point where we speak today of computer literacy, of numeracy (even of innumeracy in parallel to illiteracy). However, our shallow understanding of how these skills are best acquired emphasizes the gap between our ability to discover new, potentially powerful tools and the absence of a strategy to teach them effectively in different cultures to different generations, etc. It is here that research is urgently needed.

El término alfabetización ha comprendido, tradicionalmente, las técnicas de manipulación de símbolos básicos que llamamos leer y escribir. Estas técnicas, que suponen un proceso de aprendizaje no demasiado bien entendido, se adquieren con diferentes niveles de competencia o de perfección, como denota la expresión «alfabetización funcional».

La reflexión y la investigación, y las necesidades culturales conducen a una constante diversificación de técnicas útiles para la sociedad, hasta el punto de que hoy podemos hablar de alfabetización informática o de alfabetización numérica (o incluso de analfabetos numéricos). Sin embargo, el conocimiento superficial que tenemos de la mejor manera de adquirir el dominio de estas técnicas hace más patente nuestra incapacidad de descubrir herramientas nuevas y potencialmente eficaces, a falta de una estrategia para enseñarlas efectivamente en diferentes culturas y a diferentes generaciones, etc. Aquí es donde la investigación es urgentemente necesaria.

WALTER A. ROSENBLITH

« Tant qu'il n'a pas ses propres scientifiques et techniciens, aucun pays ne peut se dire libre. » René Maheu.

« Si je pouvais tout refaire, je commencerais par l'éducation. » Jean Monnet.

En matière d'enseignement des deuxième et troisième degrés, il y a des écarts considérables d'un pays à un autre, ainsi qu'entre pays industrialisés et pays en développement. *Les écarts les plus flagrants sont observés entre Nord et Sud dans les taux moyens de scolarisation pour la tranche d'âge 12-19 ans et pour la tranche d'âge 20-24 ans.* Les moyennes dans les pays en développement sont particulièrement basses comparées à celles des pays industrialisés (22 % à 37 % au Sud contre 93 % au Nord pour l'enseignement secondaire et 5 % au Sud contre 39 % au Nord pour l'enseignement supérieur). Cela signifie qu'arrivé au stade où il doit gagner sa vie, l'étudiant, dans la plupart des pays du Sud, est généralement mal armé pour le monde moderne.

Alors qu'au Japon toutes les matières scientifiques sont obligatoires dans l'enseignement secondaire et qu'en URSS, même les futurs musiciens, footballeurs ou couturières doivent étudier la physique, la chimie, les mathématiques et la biologie jusqu'à l'âge de 16 ans, cette obligation n'existe pas dans les systèmes éducatifs des pays du Sud. Nous sommes trop tendres avec nos jeunes : peut-être faudrait-il envisager de rendre les sciences obligatoires pour tous les élèves, comme cela se pratique au Japon, en URSS et en Corée du Sud.

"Unless it has its own scientists and technicians, no country can call itself free." René Maheu.
"If I could do it all again, I would start with education." Jean Monnet.
As far as secondary and tertiary education are concerned, there are wide variations between the different countries, as well as between the industrialized and the developing countries. The starkest variations, however, are in the average numbers we educate in the South between the ages of 12-19 *and the ages between 20-24. The developing country averages are particularly small compared with those of the developed countries (22 % to 37 % for the South, versus 93 % for the North for secondary education; and 5 % for the South versus 39 % for the North for tertiary education). This means that at the earning stage, a student in most of our Southern countries is ill-equipped for the modern world.*
At the secondary level, whereas in Japan, all science subjects are compulsory — in the USSR, even the future musicians or footballers or seamstresses must study physics, chemistry, mathematics and biology till they are sixteen — there is no such compulsion in Southern countries' educational systems. We are too soft towards our students! One should consider the possibility of making science compulsory for all students, as it is in Japan, USSR and South Korea.

«Un país que carezca de científicos y técnicos propios no puede llamarse libre». René Maheu.

«Si pudiera rehacerlo todo, comenzaría con la educación.» Jean Monnet.

Por lo que atañe a la enseñanza secundaria y la educación superior, existen grandes diferencias entre las distintas naciones, así como entre los países industrializados y los países en desarrollo. *Sin embargo, la diferencia más evidente es el número de jóvenes que educamos en el Sur entre los 12 y los 19 años y entre los 20 y los 24 años.* El porcentaje correspondiente a los países en desarrollo es muy pequeño comparado con el de los países desarrollados (enseñanza secundaria: 22 a 37% en el Sur; 93% en el Norte. Educación terciaria: 5% en el Sur; 39% en el Norte). Esto significa que en la edad productiva el estudiante de la mayoría de los países meridionales está mal preparado para el mundo moderno.

Mientras que en la enseñanza secundaria del Japón son obligatorias todas las asignaturas científicas y en la URSS incluso los futuros músicos, futbolistas o costureras deben estudiar física, química, matemáticas y biología hasta la edad de 16 años, en los sistemas educativos de los países meridionales no existe esta obligatoriedad. Somos demasiado indulgentes con nuestros estudiantes. Tenemos que pensar en la posibilidad de hacer obligatorias las asignaturas científicas para todos los estudiantes, como se hace en el Japón, la URSS y Corea del Sur.

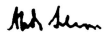

ABDUS SALAM

La solidarité devrait naître et se forti-
fier, naturellement, par l'alphabétisation. C'est que l'enseignement est, le
plus souvent, organisé en groupe. Ce
qui établit des liens durables, sentimen-
taux et sociaux.

L'alphabétisation développe la luci-
dité et la connaissance, suscite le sens
de la justice et accroît les capacités
individuelles de participation. Elle permet d'enrichir la vie au niveau le plus
quotidien, de « réaliser des choses sans
aide ». Elle développe la confiance en
soi, mieux, elle permet une « réinven-
tion sociale de soi ». Elle est le fondement de l'égalité entre hommes et
femmes et fait accéder la communication au plus haut niveau de la culture.

Solidarity should arise spontaneously,
and take its strength from literacy.
Teaching is usually organized in groups,
and this establishes lasting ties, both
sentimental and social.
Literacy develops lucidity and knowledge;
it arouses a feeling for justice, and
increases people's individual ability to
participate. It enriches life at the most
everyday level; it helps one to "do things
for oneself unaided". It is the foundation
of equality between men and women, and
gives access to communication at the
highest level of culture.

La solidaridad debería nacer y fortale-
cerse de forma natural por la alfabetización. Y ello porque, las más de las veces,
la enseñanza se dispensa en grupo,
creando vínculos duraderos en el plano
de la sociabilidad y en el de los
sentimientos.

La alfabetización desarrolla la luci-
dez y el saber, suscita el sentido de la
justicia y acrecienta la capacidad de
participación de los individuos. Permite
enriquecer la vida al nivel más coti-
diano: «poder hacer cosas sin ayuda».
Aumenta la confianza en uno mismo;
más aún: da pie a que uno «cobre
conciencia de su papel en la sociedad».
Es el fundamento de la igualdad entre
hombres y mujeres y sitúa la comunicación en el nivel más alto de la cultura.

LÉOPOLD SÉDAR SENGHOR

En arabe, éducation se dit « ta'leem ». La racine « ILM » signifie savoir, connaissance et science. Nous nous enorgueillissons, dans le monde arabe, d'une longue tradition de savoir qui remonte aux sources mêmes de notre religion. « Lis » est le premier mot révélé au Prophète dans le Coran. La première bataille jamais livrée dans le monde contre l'analphabétisme l'a probablement été par le Prophète Mohammed à Médine, il y a environ quatorze siècles, lorsqu'il libéra des prisonniers de guerre en échange de leur engagement d'instruire les musulmans analphabètes. Nous avons porté le flambeau de la connaissance à travers l'histoire, instruisant les autres et apprenant d'eux, dans une merveilleuse aventure d'interaction culturelle universelle.

Si aujourd'hui nous comptons plus de cent millions d'analphabètes, cela prouve tout simplement que notre tâche est loin d'être achevée et que gigantesque est le défi qu'il nous faut relever.

"Ta'leem" is the arabic word for education. "ILM" is the word for learning, knowledge and science. We in the Arab World pride ourselves on a long tradition of learning going back to the very beginning of our religion. The first word revealed to the Prophet in the Koran was "read". Probably the first campaign against illiteracy, anywhere in the world was waged by the Prophet Mohammed in Medina some fourteen centuries ago, when he freed prisoners of war in return for teaching illiterate Muslims. We carried the torch of knowledge through the corridors of history, teaching others and learning from others, in a truly remarkable adventure of universal cultural interaction.
If today we have more than one hundred million illiterates, it only shows how much we have left undone, and how enormous is the task that it is incumbent on us to carry out.

«*Ta'leem*» es una palabra árabe que significa educación, mientras que «ILM» significa aprendizaje, conocimiento y ciencia. En el mundo árabe nos enorgullecemos de una larga tradición de aprendizaje que se remonta a los comienzos mismos de nuestra religión. La primera palabra revelada al Profeta en el Corán fue «leer». Y probablemente la primera campaña contra el analfabetismo que haya conocido el mundo fue la emprendida por el Profeta Muhammad (Mahoma) en Medina hace unos catorce siglos cuando puso en libertad a un número de prisioneros de guerra a cambio de que enseñaran a los musulmanes analfabetos. Nosotros llevamos la antorcha del saber por los corredores de la historia, enseñando a los demás y aprendiendo de ellos, en una aventura verdaderamente extraordinaria de interacción cultural universal.

Si hoy tenemos más de cien millones de analfabetos, ello sólo muestra lo mucho que hemos dejado de hacer y la enormidad de la tarea que nos toca llevar a cabo.

T
HRH PRINCE TALAL
BIN ABDUL AZIZ AL-SAUD

La tectonique explique — ou cherche à expliquer — la structure de l'écorce terrestre, cette mince coquille de roc qui, seule dans l'univers connu, est le support de ce miracle : la vie.

Comme tout savoir, ce savoir-ci est passionnant. Comme tout savoir, il est plus ou moins complexe. Comme tout savoir, il enrichit, merveilleusement, l'esprit. Comme tout savoir, il s'appuie sur l'écrit.

Sans l'écriture, nous en serions toujours aux âges de la pierre. Sans l'écriture, l'obscurité serait plus obscure et les inquiétudes plus inquiétantes. L'écriture est essentiellement humaine. Savoir lire et écrire donne à l'homme un espoir de plus, une chance de plus.

Tectonics explains — or seeks to explain — the structure of the earth's crust, that thin shell of rock which alone in the known universe sustains a miracle: life itself.
Like every science, the science of tectonics is enthralling.
Like every science, it is relatively complex. Like every science, it wonderfully enriches the mind. Like every science, it depends on the written word. Without writing, we should still be in the Stone Age. Without writing, the darkness would be darker, and our worries more worrying. Writing is essentially a human activity. Being able to read and write gives us greater hope, an extra chance.

La tectónica explica o trata de explicar la estructura de la corteza terrestre, esta delgada capa de roca, único soporte en el universo conocido de este milagro, la vida.

Como todo saber, es apasionante. Como todo saber, es más o menos complejo. Como todo saber, enriquece maravillosamente el espíritu. Como todo saber, su sustento es la escritura.

Sin la escritura, todavía estaríamos en la edad de la piedra. Sin la escritura, la oscuridad sería más oscura y las inquietudes más inquietantes. La escritura es esencialmente humana. Saber leer y escribir da al ser humano una esperanza más, una nueva oportunidad.

HAROUN TAZIEFF

L'Utopie fait vivre. Elle est source de tous les rêves, la clarté de tous les risques.

L'imagination doit se mettre au pouvoir, et le lyrisme du savoir partagé par le plus grand nombre. L'ambition est périlleuse et exaltante d'éradiquer l'analphabétisme à travers le monde, seul moyen lumineux d'établir la communication dans un langage universel comme l'ont été de tous temps la musique et la danse.

Vérité partagée par chacun d'entre nous, créateur de son propre langage et de la musique des mots. Ne posséder vraiment que ce que l'on donne, cette part de savoir et de culture revendiqués comme une nécessité de vivre. Rien n'est utopique à qui veut bien entendre la clameur de ceux qui sont dépossédés de leur vérité.

Utopia is our lifeblood.
It is the source of all dreams, and the revelation of all dangers. Imagination must take the lead, and the lyricism of knowledge must be shared by as many people as possible. The ambition to eradicate illiteracy worldwide is perilous and uplifting, but is the only enlightened means of establishing communication in a language that is as universal as music and dance have always been.
A truth shared by each of us, as we create our own language and the music of words. Truly possessing only that which we give: that share of knowledge and culture demanded as a necessary part of life. Nothing is Utopian if we are willing to heed the cries of those who are dispossessed of their truth.

La utopía estimula a vivir. Ella es la fuente de todos los ensueños, la claridad de todos los riesgos.

Hay que poner a la imaginación en el poder y hacer que la mayor parte de la gente comparta el lirismo del conocimiento. La ambición de erradicar el analfabetismo en todo el mundo, peligrosa y exaltante, es la única forma lúcida de establecer la comunicación en un lenguaje universal, como han sido desde siempre la música y la danza.

Verdad ésta que todos compartimos, creando cada uno su propio lenguaje y la música de las palabras. No poseer de verdad más que lo que damos, esta parte de conocimientos y cultura reivindicados como necesidad vital. Nada es utópico para el que quiere oír el clamor de los que han sido desposeídos de la verdad propia.

EMANUEL UNGARO

« Université », un mot qui est entré dans mon vocabulaire relativement tard dans ma vie, les circonstances m'ayant empêché de fréquenter une de ces augustes institutions. Ce n'est qu'en 1969, alors que j'avais déjà 48 ans et que j'avais relégué à l'arrière-plan de mon esprit toute pensée au sujet de ces sièges du savoir, que j'ai été élu « recteur » de la nouvelle Université de Dundee, en Écosse.

Il y a peut-être quelque avantage à être élevé à pareille dignité au midi de sa vie, alors que l'on ne s'interroge déjà plus avec angoisse sur ce que l'on fera de son existence et que l'on peut entrer à fond dans l'esprit de la découverte, principal don que l'université fait à l'esprit qui poursuit sa quête.

J'ai appris davantage à mon âge que je n'aurais pu concevablement apprendre à l'âge d'étudiant. C'est là aussi un des rôles que les universités sont appelées à jouer. Ce sont des lieux propices au développement de l'esprit, quel que soit l'âge. Des lieux où les enseignants, comme les étudiants, apprennent, des lieux où des programmes spéciaux sont prévus pour les handicapés, où l'on fait appel à l'informatique de pointe. Comme son nom l'indique, l'université est universelle dans ses aspirations et son utilité, représentant les ambitions les plus nobles de l'humanité.

University is a word which entered into my vocabulary relatively late in life, since circumstances prevented my attending one of these august institutions. It was only in 1969, when I was already forty-eight years old, and had put all thoughts of seats of learning in the back of my mind, that I was elected to the post of Rector of the new University of Dundee, in Scotland.

There is perhaps some virtue in being elevated to such a post halfway through life's journey, since you are already relieved of a sense of anxiety about what you will do with your existence, and you can enter wholeheartedly into the spirit of discovery which is a University's principal gift to the questing mind.

I learned more at my age than I could possibly have learned at the age of the students. That also is a function of Universities. They are places of mental development regardless of age. Places for teachers to learn as well as for the students, with special programmes for the handicapped, and for the use of the latest computer technology. As their name suggests, Universities are Universal in their aspirations and their utility, representing humanity's highest ambitions.

La palabra «universidad» pasó tardíamente a formar parte de mi vocabulario, pues las circunstancias de mi vida me impidieron frecuentar alguna de esas altas instituciones. Hasta que en 1969, cuando contaba ya cuarenta y ocho años de edad, y había relegado al desván de la memoria todo recuerdo de las aulas, me eligieron para desempeñar el cargo de rector de la nueva universidad de Dundee, en Escocia.

Tal vez haya alguna ventaja en ser llamado para un puesto así cuando te encuentras en mitad de la vida, porque para entonces ya te has liberado del sentimiento de ansiedad sobre lo que vas a hacer con tu existencia y puedes entregarte en cuerpo y alma al deseo de saber: a ese deseo que es uno de los mayores dones de la universidad para todo espíritu curioso.

A mis años, aprendí más de lo que quizá hubiera podido aprender a la edad de los estudiantes. Ésa es otra función de las universidades: ser centros de desarrollo intelectual, sin importar la edad de uno. Centros para que aprendan los profesores tanto o más que los estudiantes, con programas especiales para los que tienen problemas, donde se emplea el último grito de la tecnología informática. Como su propio nombre sugiere, las universidades son universales en sus aspiraciones y en su utilidad, a la par que encarnan las más nobles ambiciones de la humanidad.

PETER USTINOV

AGNÈS VARDA

V...o...vo... comme *volonté* = faculté de se déterminer à certains actes et de les accomplir.

V...o... commencement de *voyelle* (les 6 de l'alphabet français sont : a, e, i, o, u, y...).

Vo...c...a...voca... comme *vocabulaire* = ensemble des mots d'une langue.

Voca...t...i...o...n... *vocation*, du latin « vocare » (appeler) = mouvement intérieur par lequel une personne se sent appelée à un métier, une mission, un sacerdoce, une création...

Je pense à la volonté de ceux et de celles qui, au milieu de leur vie, décident d'apprendre à lire.

Je pense à la bonne volonté des enseignants quel que soit leur âge.

Je pense à la vocation qui continue ces mouvements intérieurs jusqu'à une des plus simples libertés : s'exprimer avec des mots et avoir accès aux mots des autres.

J'aime les images de Dominique Roger qui a capté les désirs et les volontés de ceux qui apprennent et de ceux qui enseignent.

Quelle attention dans les regards ! Quelle tension !

Comme elle a bien su photographier l'instant du désir ou celui de la volonté.

Hasard ou pas ? On me demande ces lignes pendant que je termine le tournage d'un film racontant l'enfance du cinéaste Jacques Demy. Le titre provisoire est « Évocation... d'une vocation ». Car l'enfant Demy qu'on destinait à la mécanique avait la vocation du cinéma, aussi dure en lui qu'un noyau dans un fruit.

La vocation, c'est le désir plus la volonté.

La vocation, c'est un oiseau en nous qui veut qu'on le libère pour voler à sa façon à travers les ciels changeants...

V...o...vo... for the Latin voluntas, *or will, the faculty of deciding to act and of acting.*
V...o... the beginning of vowel *(the French alphabet has six: a, e, i, o, u, y).*
Vo...c...a... voca... as in vocabulary, *all the words in a language.*
Voca...t...i...o...n... vocation, *from the Latin* "vocare" *(to call), the inward pressure by which one feels called to a particular trade, mission, ministry or creative work...*
I think of the will of those who, half way through their lives, decide to learn to read.
I think of the willing efforts of teachers, whatever their age.
I think of the vocation which sustains these inward pressures to the point of one of the simplest of freedoms: expressing oneself in words and having access to the words of others.

I like the images of Dominique Roger, who has captured the yearning and the will of both learners and teachers.
How attentive they look! How keyed up!
She has brilliantly succeeded in photographing the moment of desire and the moment of will.
A coincidence? I was asked to write these lines while I was completing the shooting of a film on the childhood of the film director Jacques Demy. Its provisional title is "Evocation... of a vocation". As a child, Demy was destined to be a mechanic, but the cinema was his vocation, as firmly embedded in him as the stone in a fruit.
Vocation is desire plus will.
Vocation is a bird within us that wants to be free to fly in its own way across the changing skies...

V ... o ... vo ... como en *voluntad:* facultad de determinarse con respecto a determinados actos y de llevarlos a cabo.

V ... o ... inicio de *vocal* (las cinco vocales del alfabeto son: a, e, i, o, u). Vo ... c ... a ... voca ... como *vocabulario:* conjunto de las palabras de un idioma. Voca ... c ... i ... ó ... n ... *vocación,* del latín « vocare » (llamar): impulso interno por el que una persona se siente llamada a un oficio, una misión, un sacerdocio, una creación...

Pienso en la voluntad de aquéllos y aquéllas que, mediada ya su vida, deciden aprender a leer.

Pienso en la buena voluntad de los maestros, sea cual fuere su edad.

Pienso en la vocación que prolonga esos impulsos internos hasta una de las libertades más sencillas: expresarse mediante palabras y poder acceder a las palabras de los demás.

Me parecen extraordinarias las imágenes de Dominique Roger, la cual ha sabido captar los deseos y las voluntades de quienes aprenden y de quienes enseñan.

¡Cuánta atención en las miradas! ¡Qué tensión!

¡Qué bien ha sabido fotografiar el instante del deseo o el de la voluntad!

¿Casualidad o no? Me han pedido estas líneas al tiempo que termino de rodar una película que narra la infancia del cineasta Jacques Demy. Su título provisional es «Evocación ... de una vocación», porque, de niño, Demy, a quien sus padres destinaban a una profesión mecánica, tenía la vocación del cine, tan ahincada en él como una almendra en un fruto.

La vocación es el deseo más la voluntad.

La vocación es un ave que está en nosotros y quiere que la liberemos para volar a su manera por los cielos mudables.

La victoire de l'alphabétisation peut aussi s'exprimer en chiffres : dans le monde entier, les effectifs de l'enseignement du premier degré sont passés de 340 millions en 1960 à 578 millions en 1985, soit un accroissement de près de 70 %. Ils ont doublé pendant la période considérée dans les pays en développement et sont passés de 216 millions à 473 millions.

Le nombre des adultes alphabètes de 15 ans et plus dans le monde entier est passé de 1 708 millions en 1975 à 2 314 millions en 1985, soit une progression de 35 % en dix ans.

En vingt-cinq ans, de 1960 à 1985, le taux d'analphabétisme de la population adulte estimé à 39,3 % au début de la période a été ramené à 27,7 %. Mais il faut, dans l'autre partie de la balance, mettre les chiffres qui représentent le nombre absolu des analphabètes adultes qui ne cesse de croître, passant de 740 millions en 1970 à 889 millions en 1985 et 963 millions en 1990.

Plus d'un demi-milliard de femmes adultes de 15 ans et plus étaient analphabètes en 1985, soit près de 63 % du total des analphabètes du monde. Sur les 125 millions d'enfants de 6 à 11 ans qui, à la même époque, n'avaient pas la possibilité de fréquenter l'école élémentaire, 60 % sont des filles, c'est-à-dire les femmes et les mères de demain.

La vraie victoire serait que la course aux armements et la charge des endettements cessent de faire peser son lourd fardeau sur les économies nationales et les ressources des sociétés.

Dans les pays en développement, les dépenses militaires correspondent au triple des dépenses publiques de santé et excèdent d'un tiers les dépenses publiques d'enseignement.

Les pays développés accordent vingt fois plus de crédits au secteur militaire qu'à l'aide au tiers monde : 900 milliards de dollars US : montant des dépenses mondiales en 1986 (contre 355,7 milliards en 1976). 1 190 milliards de dollars US : montant total de la dette extérieure des pays en développement en 1987 (contre 98 milliards en 1973).

On pèse ici l'enjeu.

The victory of literacy work can also be expressed in figures e.g. pupil numbers in primary education throughout the world rose from 340 million in 1960 to 578 million in 1985, an increase of close on 70 per cent. In the developing countries, the numbers doubled during this period from 216 million to 473 million.

The number of literate adults (aged 15 and over) in the world rose from 1,708 million in 1975 to 2,314 million in 1985, a 35 per cent increase in 10 years.

Over the 25-year period 1960-1985, the adult illiterary rate dropped from an estimated 39.3 per cent to 27.7 per cent. On the other side of the scales, however, we have to put the figures representing actual numbers of adult illiterates, which keep on rising — from 740 million in 1970 to 889 million in 1985 and 963 million in 1990.

In 1985, there were more than 500 million illiterate women aged 15 and over, representing almost 63 per cent of the world's illiterates.

In the same year, 60 per cent of the 125 million 6- to 11-year-olds denied primary schooling were girls, tomorrow's women and mothers. The true victory would be the lifting of the heavy burden placed on national economies and the resources of societies by the arms race and debt repayments.

The developing countries' military expenditure amounts to three times as much as they spend on public health and one and a third times what they spend on education.

The developed countries devote to the military sector 20 times as much money as goes on aid to the Third World. Total world expenditure in 1986: US$ 900,000 million (as against US$ 335,700 million in 1976). Total developing countries' indebtedness in 1987: US$ 1,190,000 million (as against US$ 98,000 million in 1973). The implications are clear.

La victoria de la alfabetización puede expresarse también en cifras. A nivel mundial, los alumnos de la enseñanza primaria han pasado de 340 millones en 1960 a 578 millones en 1985, con un incremento de casi el 70%. En el mismo, en los países subdesarrollados, doblaron su número, pasando de 216 a 473 millones.

El número de personas mayores de 15 años que saben leer y escribir pasó de 1.708 millones en 1975 a 2.314 millones en 1985, es decir, aumentó un 35% en diez años.

En un cuarto de siglo, de 1960 a 1985, la tasa de analfabetismo entre la población adulta bajó de un 39,3% inicialmente estimado al 27,7%. Pero, en contrapartida, hay que decir que, en cifras absolutas, el número de analfabetos adultos crece sin cesar: 740 millones en 1970, 889 millones en 1985, 963 millones en 1990.

Más de 500 millones de mujeres mayores de 15 eran analfabetas en 1985: casi el 63% del total de analfabetos del mundo. Por la misma época, de los 125 millones de niños de 6 a 11 años que no podían frecuentar la escuela primaria, el 60% eran niñas, las mujeres y madres del mañana.

La verdadera victoria sería que la carrera armamentista y el endeudamiento exterior dejaran de gravar con su enorme peso las economías nacionales y los recursos de la sociedad.

En los países subdesarrollados, los gastos militares equivalen al triple de lo presupuestado para sanidad pública y superan en un tercio a las inversiones en materia de enseñanza.

El importe de los créditos concedidos por los países desarrollados al sector militar es veinte veces mayor que sus ayudas al Tercer Mundo : 900.000 millones de dolares: gasto total de todos los países del mundo en 1986 (frente a 355.700 millones en 1976). 1.190 millones de dolares: importe total de la deuda exterior de los países subdesarrollados en 1987 (frente a 98.000 millones en 1973).

He áhi lo que está en juego.

VLADIMIR VELIČKOVIĆ

Waterloo : un mot qui sonne comme un désastre dans toutes les langues, et cela en est un que les 963 millions d'analphabètes prévus pour l'an 2000 !

Est « fonctionnellement » analphabète, selon la définition de l'Unesco, « une personne incapable d'exercer toutes les activités qui exigent une alphabétisation pour le bon fonctionnement de son groupe et de sa communauté, et qui lui permettent de continuer à lire, d'écrire et à calculer en vue de son propre développement et de celui de la communauté ».

Est alphabète la personne « capable de lire et d'écrire en le comprenant un exposé simple et bref de faits en rapport avec sa vie quotidienne ».

Les disparités sont grandes au regard de l'alphabétisation. Sur 102 États, 48 pays en développement ont un taux d'analphabétisme dépassant 40 %, et 10 pays ont chacun plus de 10 millions d'analphabètes représentant ainsi à eux seuls 73 % du total mondial (90,7 % en Afghanistan, 89,2 % en Ouganda, 88 % au Togo, 87,7 % au Népal, 86,5 % au Mozambique, 79,7 % en Algérie, 51,1 % en Indonésie).

L'avantage de cet inventaire est de situer les faits à leurs niveaux pour mieux définir les moyens nécessaires et cerner les objectifs. Ne nous payons pas de mots si l'on veut apprendre à lire, à écrire, à compter aux hommes, aux femmes et aux enfants de cette planète !

Waterloo : a word that has a ring of disaster about it, in all languages, and the 963 million illiterates forecast for the year 2000 are just such a calamity! According to Unesco's definition, a "functional" illiterate is a person "who cannot engage in all those activities in which literacy is required for effective functioning of his group and community and also for enabling him to continue reading, writing and calculation for his own and the community's development".
A person is literate "who can with understanding both read and write a short simple statement on his everyday life".
There are great disparities in literacy levels. Out of 102 States, 48 developing countries have an illiteracy rate of more than 40 per cent and 10 countries have over 10 million illiterates each, these 10 alone thus accounting for 73 per cent of the world total. Some of the highest illiteracy rates are: 90.7 per cent in Afghanistan, 89.2 per cent in Uganda, 88 per cent in Togo, 87.7 per cent in Nepal, 86.5 per cent in Mozambique, 79.7 per cent in Algeria and 51.1 per cent in Indonesia.
The advantage of this survey is to place facts in their setting, in order to specify the means required and identify the objectives more clearly. We can ill afford to play with words if we want to teach the men, women and children of this planet to read, write and count!

Waterloo : la palabra suena a desastre en todas las lenguas, y un desastre comparable serán los 963 millones de analfabetos que se prevé habrá en el año 2000.

Con arreglo a la definición de la Unesco, es analfabeto *funcional* « la persona que no puede emprender aquellas actividades en que la alfabetización es necesaria para la actuación eficaz en su grupo y comunidad y que le permitan asimismo seguir valiéndose de la lectura, la escritura y la aritmética al servicio de su propio desarrollo y del desarrollo de la comunidad ».

Se considera alfabetizada la persona que es « capaz de leer y escribir, comprendiéndola, una breve y sencilla exposición de hechos relativos a su vida cotidiana ».

Existen grandes diferencias en los niveles de alfabetización. De un total de 102 Estados, 48 países en desarrollo tienen índices de analfabetismo superiores al 40 % y en 10 países hay más de 10 millones de analfabetos en cada país ; en estos 10 países viven, pues, el 73 % de los analfabetos de todo el mundo. Los índices más elevados de analfabetismo se registran en los siguientes países : Afganistán 90,7 %, Uganda 89,2 %, Togo 88 %, Nepal 87,7 %, Mozambique 86,5 %, Argelia 79,7 % e Indonesia 51,1 %.

Esta lista nos permite situar los hechos en su contexto, para definir los medios necesarios y precisar los objetivos. ¡No podemos jugar con las palabras cuando se trata de enseñar a leer, escribir y contar a los hombres, mujeres y niños del Planeta !

ELIE WIESEL

La Walkyrie, messagère des dieux, est aujourd'hui symbolisée par l'alphabet dans notre vie moderne. Avec l'apprentissage de la lecture commence le vrai progrès par la connaissance; l'accession au rang de citoyen à part entière; l'éveil de l'esprit critique; la révélation de soi-même.

Écoutons l'appel qui s'élève, comme un chant profond, de ces peuples, qui ne peuvent pas encore satisfaire ce besoin fondamental du savoir lire et du savoir écrire. C'est une des grandes tragédies de notre époque.

L'humanité, qui dans son ensemble incarne le pouvoir, autrefois l'apanage du divin, doit se mobiliser tout entière pour adopter les mesures nécessaires et absolues.

Le destin de tous — notre avenir — dépend de notre foi dans l'homme.

The Walkyries, messengers of the gods, today have their place as a symbol in our alphabet of modern life. Learning to read is the first step to real progress through knowledge, to becoming a fully-fledged citizen, to the awakening of critical judgment and to self-revelation.
Let us pay heed to the mournful chant, the cry for help, of those whose basic need to read and write has not yet been met, one of the great tragedies of our time.
Humanity, which taken as a whole represents power, previously a divine attribute, must mobilize itself to take the steps that are absolutely necessary in this regard. The destiny of all — our future — depends on our faith in human beings.

La walkiria, mensajera de los dioses, está simbolizada hoy en día, en nuestra vida moderna, por el alfabeto. Con el aprendizaje de la lectura se inicia el verdadero progreso gracias al conocimiento: el llegar a ser ciudadano de pleno derecho; el despertar del espíritu crítico; la revelación de uno mismo.

Prestemos atención a la llamada que se alza, como un canto profundo, de los pueblos que aún no pueden satisfacer la necesidad fundamental de saber leer y de saber escribir. Es una de las grandes tragedias de nuestra época.

La humanidad que, tomada en conjunto, encarna el poder —patrimonio exclusivo antaño de lo divino—, debe movilizarse sin excepción alguna para adoptar las medidas necesarias y absolutas que se imponen.

El destino de todos —nuestro futuro— depende de nuestra fe en el hombre.

GEORGES WILSON

Chez Homère l'étranger «Xenos» était protégé par Zeus, le Xenios Zeus. On lavait l'étranger et on le nourrissait d'abord, puis, seulement après, on lui demandait de s'identifier. Donc, le respect de «l'autre», même inconnu, était d'usage. Mais ce fut une civilisation achéenne de haut niveau et de courte durée.

Le respect d'autrui, fondement de la démocratie, ne peut se développer que par la circulation de l'information. Bien sûr, la télévision est en train de laminer l'écriture. Mais elle ne remplacera jamais l'écriture qui, elle, suscite la réflexion la plus intime et profonde de l'être. Cette réflexion est le bien suprême de l'homme, son étincelle divine, systématiquement bafouée sans relâche par l'homme.

In Homer, the foreigner, "Xenos", was protected by Zeus, the Xenios Zeus. He was washed and fed first of all and only then was he asked who he was. Respect for the "other", even an unknown person, was therefore the custom. This was, however, a very advanced Achaean civilization which lasted only a short while.
Respect for others, which is the foundation of democracy, can only develop through the circulation of information. Television is certainly undermining writing but it will never take the place of writing, which prompts people to think their most intimate and deepest thoughts. Thinking is humanity's supreme possession, its divine spark, but it is constantly ill-respected by people.

En las obras de Homero, el extranjero —*xenos*— estaba bajo la protección del propio Zeus, a quien se daba, por ello, el apelativo de *xenios* Zeus: dios protector de la hospitalidad. Así, cuando llegaba un forastero, antes que nada se le ofrecían agua para lavarse y alimentos, y sólo luego se le preguntaba quién era. Este respeto al «otro», aunque fuera un desconocido, era una norma de conducta habitual. Pero aquélla fue una civilización refinada, la aquea, que duró muy poco...

El respeto al otro, fundamento de la democracía, sólo florece si la información circula libremente. Desde luego, la televisión está machacando hoy la escritura, pero jamás podrá sustituirla, porque la escritura suscita la reflexión más íntima y profunda del ser. Y esta reflexión es el bien supremo del hombre, la chispa divina que hay en él, aunque se empeñe en despreciarla incesante y sistemáticamente.

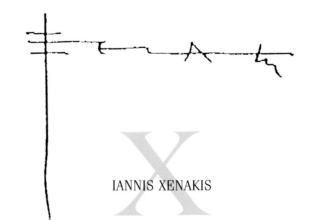

IANNIS XENAKIS

La xénophobie a plusieurs visages même si elle n'a qu'une définition : l'hostilité à ce qui est étranger. Mais elle n'est pas que chauvine et « patriotique ». Expression de l'égoïsme, de l'antagonisme, elle se fonde sur l'orgueil et la vanité du possédant qui rejette, retranche et veut dominer.

Le mari africain ou sud-américain qui refuse à sa femme le droit d'apprendre à lire et à écrire et oblige sa fille à rester à la maison pour accomplir les tâches ménagères les traite comme des esclaves. On le dit « macho » par une indulgence coupable pour ne pas humilier sa paranoïa, mais c'est un xénophobe.

L'enseignant qui considère l'analphabète comme un ignorant et un marginal, commet « un péché contre l'esprit », feignant d'ignorer que cet élève pour survivre a déployé des trésors de caractère, d'intelligence et de savoir-faire et qu'il a nourri son esprit d'une culture de vérité et de savoir. L'Européen qui empêche l'accès à l'éducation des travailleurs étrangers et de leur famille est xénophobe.

L'alphabétisation doit proposer de changer de niveau, c'est-à-dire de favoriser la découverte de son identité personnelle.

La civilisation culturelle de demain sera fondée, on peut le croire, sur l'alphabétisation fonctionnelle généralisée et la solidarité la plus généreuse. La xénophobie est déjà condamnée. Qu'on se le dise !

Xenophobia has several faces albeit one definition: hostility to what is foreign. But xenophobia is not just chauvinistic and "patriotic". As an expression of selfishness and antagonism, it rests on the pride and vanity of the privileged who reject, cut back and seek to dominate.

The African or Latin American husband who refuses to recognize his wife's right to learn to read and write and makes his daughter stay at home to do the housework is treating them like slaves. He is overindulgently called "macho" to spare his paranoia, but he is a xenophobe.

The teacher who regards illiterates as ignorant and marginal commits "a sin against the mind", feigning to disregard the fact that mere survival has caused such pupils to display tremendous character, intelligence and know-how and filled their minds with a culture of truth and knowledge. The European who blocks foreign workers and their families from access to education is a xenophobe.

Literacy must offer the possibility of changing levels, in other words of encouraging the discovery of one's own identity.

There is every reason to believe that the cultural civilization of tomorrow will be based on generalized functional literacy and the most open-hearted solidarity. Xenophobia is condemned already. Pass the message on!

La xenofobia tiene varias caras, aunque sólo tenga una definición: la hostilidad hacia lo extranjero. Pero la xenofobia no es solamente chauvinista o « patriotera » sino que, como expresión del egoísmo, del antagonismo, se basa además en el orgullo y la vanidad del poseedor que rechaza, disminuye y trata de dominar.

El marido africano o sudamericano que niega a su esposa el derecho a aprender a leer y escribir y obliga a la hija a quedarse en casa para hacer los oficios domésticos las está tratando como esclavas. Se le llama « macho » por indulgencia culpable y para no humillar su paranoia, pero es un xenófobo.

El maestro que ve en el analfabeto un ignorante y un marginal comete un « pecado contra el espíritu », fingiendo ignorar que ese alumno, para sobrevivir, ha desplegado prodigios de carácter, inteligencia y habilidad y ha nutrido su espíritu con una cultura de la verdad y el conocimiento. El europeo que impide el acceso a la educación a los trabajadores extranjeros y sus familias es un xenófobo.

La alfabetización debe proponer un cambio de nivel, o sea favorecer el descubrimiento de la identidad personal.

La civilización cultural del mañana se basará —hay que creerlo así— en la alfabetización funcional generalizada y en la más generosa de las solidaridades. La xenofobia está condenada ya. ¡Que todos lo sepan!

XIE XIDE

Que le yoga nous inspire! Cette technique hindoue veut obtenir, par des moyens extatiques et psychiques, le contrôle des fonctions vitales, une maîtrise du corps, l'unité avec l'essence de la personne.

On pourrait de la sorte définir l'objectif et la stratégie de la campagne d'alphabétisation qui doit aboutir à une libération de la personne humaine et sociale. Cette politique au niveau de tous les États exige une maîtrise des moyens et une ascèse des dirigeants et des peuples.

Elle doit se traduire par une unité mutante de la planète Terre habitée par les êtres humains sûrs d'eux-mêmes et de leur solidarité.

Let's draw inspiration from yoga! Using ecstatic and psychic methods, this Hindu technique seeks control over the vital functions, mastery of the body and unity with the essence of the self.

A similar definition could be given of the purpose and strategy of the literacy campaign which must lead to a liberation of the individual as a human and social being. In all countries this policy calls for mastery of resources and asceticism on the part of leaders and peoples.

It should lead to a self-transforming unity of the planet Earth, that will be inhabited by human beings who have confidence in themselves and in their solidarity.

¡Inspirémonos en el yoga! Esta técnica hindú pretende conseguir, a través del éxtasis y métodos psíquicos, el control de las funciones vitales, el dominio del cuerpo y la unidad de la persona con su esencia.

De modo parecido podrían definirse el objetivo y la estrategia de la campaña de alfabetización que ha de llevar a una liberación del individuo en sus dimensiones personal y social. Referida a los Estados, esta política requiere un dominio de los medios y una ascesis de los gobernantes y de los gobernados.

Y su fruto debe ser una unidad que transforme la Tierra y haga de ella un planeta habitado por seres humanos seguros de sí mismos y de su solidaridad.

JACQUES YANKEL

Le Yéti, « l'abominable homme des neiges » du folklore himalayen, n'effraie même plus les enfants, tant sa virtualité est improbable.

Quand en sera-t-il de même de l'analphabète, dont le souvenir même sera effacé de la mémoire des hommes, de la civilisation planétaire.

Un effort constant de chaque nation, un programme permanent, une volonté tendue, sont les exigences que chacun doit avoir à l'esprit, pour réduire ce fléau, qui reste le handicap majeur, en cette fin du xxᵉ siècle.

La réussite signifierait aussi la victoire sur la misère, l'affirmation de la fraternité entre les hommes, le règne du principe d'égalité reconnu, le respect des valeurs d'identité.

Il faut vouloir obstinément cette conquête de la dignité de l'homme.

Le Yeti, or "Abominable Snowman" of Himalayan folklore, is a creature so improbable that he no longer scares even children.
When will the "unlettered ignoramus" join him, and stumble out of human remembering, beyond our planet's ken?
Unceasing efforts by each and every nation, an uninterrupted programme and a determination that never flags —we must all bear these requirements in mind if the scourge of illiteracy, our century's last great handicap, is to be overcome.
Success in this enterprise would also signify victory over poverty, the affirmation of human solidarity, the reign of equality as a principle to which all subscribe and respect for the values that cultural identity enshrines.
We must be obstinate in our striving towards the summits of human dignity.

El Yeti, o «abominable hombre de las nieves» del folclore himalayo, es una criatura tan inverosímil que ya ni siquiera asusta a los niños.

¿Cuándo podremos decir lo mismo del «ignorante analfabeto», cuando se habrá borrado incluso su recuerdo de la memoria humana?

Un esfuerzo incesante de todas y cada una de las naciones, un programa ininterrumpido y una determinación inquebrantable: éstas son las metas que debemos tener siempre presentes si queremos acabar con el flagelo del analfabetismo, la última rémora de siglo.

El éxito en esta empresa significaría también una victoria contra la pobreza, la afirmación de la solidaridad humana, el reino de la igualdad como principio aceptado por todos y el respeto por los valores que atesora la identidad cultural.

No debemos cejar en nuestro combate en pro de los valores supremos de la dignidad humana.

YEVGENY YEVTOUCHENKO

Les zones de la pauvreté dans le monde sont aussi celles de l'analphabétisme.

Cette double évidence débouche sur une certitude : l'humanité doit aborder de front le problème de la reconnaissance de la personne humaine comme source d'une constitution planétaire. C'est l'être humain dans la totalité de ses besoins et de ses exigences qui doit être considéré dans ses fonctions physiologiques, de sécurité, d'appartenance et d'amour, d'estime, d'actualisation de soi. On ne peut y parvenir que par un sens de la solidarité fondée sur un capital de connaissances que la science nous lègue et qui nous oblige à faire disparaître les zones de la misère.

« En cette fin du monde fini qui commence », effacer ces zones de la honte que représente un milliard d'hommes est l'objectif qui devrait conditionner tous les êtres de la planète.

The zones of poverty in the world are also the zones of illiteracy.
This twofold truth leads to the inescapable conclusion that humankind must come to grips with the problem of recognizing the human personality as the source material for a worldwide constitution, in6which the human being, with all his needs and demands, must be considered in relation to his physiological functions, the need to belong, to enjoy security, love, esteem and self-fulfilment. The only way to achieve this is through a feeling of solidarity based on the capital of knowledge bestowed on us by science, which makes it incumbent on us to do away with zones of extreme poverty.
"At the end of a finite world which is just beginning", the deletion from the world scene of these zones of shame, whose inhabitants number one billion, is the objective which should inspire to action all beings on earth.

Las zonas de la pobreza en el mundo son también las del analfabetismo.

Esta doble evidencia lleva a una certeza: la de que la humanidad debe abordar con decisión el problema de una constitución mundial emanada del respeto a la persona humana. Del ser humano entendido con la totalidad de sus necesidades y exigencias, considerado en sus funciones fisiológicas, en su deseo de seguridad, de amar y ser amado, de propia estima y de desarrollar su personalidad. Y el único camino para llegar a esto es un sentido de la solidaridad fundamentado en los tesoros de saber que la ciencia nos brinda y que nos mueva a eliminar las zonas de miseria.

«En este fin del mundo finito que comienza», acabar con la vergüenza de esas zonas en donde viven mil millones de hombres debiera ser el objetivo prioritario de todos los habitantes del planeta.

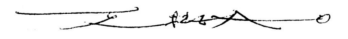

ZAO WOU-KI

Zarlino, immigré du Sud, une année d'école, quarante ans manœuvre, cinquante ans d'âge.

Dans le cabinet du docteur B.

Zarlino : « Les numéros, les chiffres, ça va, ça va...

Les impôts, le loyer, je paye, je paye, ça va...

J'ai toujours pu... mais avec ces papiers-là...

Qu'est-ce que je fais Docteur ?... Qu'est-ce qu'il y a d'écrit ? Qu'est-ce qu'ils disent ?... »

Docteur B : « Encore des demandes de renseignements, pour votre prise en charge vu votre arthrose... Il aurait fallu répondre dans les dix jours... on vous convoque à Bâle chez un expert. Vous savez comment y aller ? Je vous explique... »

Zarlino : « Donc, à la gare je prends un taxi et je montre votre petit billet avec l'adresse au chauffeur. Pour le retour je prends le tram et je demande la gare... »

Compte rendu de l'examen du 14 avril 1988 :

Nom : Zarlino. Age: 50 ans. Profession: maçon.

Souffre du syndrome de Bastrup.

Recyclage impossible pour cause d'analphabétisme.

Zarlino, an immigrant from the South; one year's schooling; 40 years' labouring work; age: 50.

In Doctor B's surgery.

Zarlino: "Numbers... you know, figures, they're OK.

My tax and rent—I pay those; that's never been a problem. But what about these here papers, doctor; what am I supposed to do with them? What's written on them? What do they say?"

Doctor B: "It's another request for information, about who is going to cover your expenses because of your osteoarthritis. You should have answered within 10 days. They want you to go to Basel to see a specialist. Do you know how to get there? Look, I'll explain..."

Zarlino: "So, at the station I get a taxi and show the driver your little note with the address on it. To come back I get on the tram and ask for the station..."

Record of examination carried out on 14 April 1988.

Name: Zarlino. Age: 50. Trade: Bricklayer.

Suffering from Bastrup's syndrome. Cannot be retrained, owing to illiteracy.

Zarlino, inmigrante del sur, un año de escolarización, cuarenta años de trabajo como peón, cincuenta años de edad.

En la consulta del doctor B.

Zarlino : «Los números, las cifras, todavía... Los impuestos, el alquiler, los pagos, todavía... Siempre he podido arreglármelas... pero estos papeles... ¿Qué tengo que hacer, Doctor?... ¿Qué es lo que hay escrito? ¿Qué es lo que dicen?... »

Doctor B : «Piden otra vez información para poder ocuparse de usted, en vista de la artrosia que padece... Habría que haber respondido en un plazo de diez días... Le convocan a usted en Basilea para que le vea un experto. ¿Sabe usted ir? Yo le explicaré... »

Zarlino : « Bueno, en la estación tomo un taxi y le enseño al conductor el papel que usted me ha dado con la dirección. Para volver, tomo el tranvía y pregunto por la estación... »

Informe del examen efectuado del 14 de abril de 1988.

Nombre : Zarlino. Edad : cincuenta años. Profesión : albañil.

Padece el síndrome de Bastrup.

Readaptación imposible debido al analfabetismo.

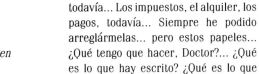

ZOUC (d'après Serge B)

Pourquoi l'alphabétisation ?

Pourquoi l'Organisation des Nations Unies a-t-elle proclamé 1990 Année internationale de l'alphabétisation (AIA) ? *Pourquoi* les représentants de la communauté mondiale, réunis à Jomtien (Thaïlande) en mars 1990 à l'occasion de la Conférence mondiale sur l'éducation pour tous, se sont-ils engagés à mettre sur pied une campagne mondiale en vue de créer un monde sans analphabètes ? *Pourquoi* l'Unesco a-t-elle désigné l'alphabétisation comme sa « priorité absolue » ? *Parce que,* pour près d'un milliard d'adultes — plus d'un sur quatre —, la signification du mot écrit demeure un mystère. *Parce qu'*il y a, dans les pays en développement, plus de cent millions d'enfants entre six et onze ans qui sont privés d'école et qui, si nous ne faisons rien, sont condamnés à devenir les analphabètes adultes du XXIᵉ siècle. *Parce que* près des deux tiers des analphabètes du monde sont des femmes, et que les femmes ne transmettent pas seulement la vie, mais aussi la culture. *Parce que* l'éducation est l'un des droits fondamentaux de l'être humain proclamés dans la Déclaration universelle des droits de l'homme. *Parce que* l'éducation est un moyen de parvenir à la jouissance et à l'exercice responsable des autres droits, politiques, sociaux et économiques. *Parce que* l'éducation donne accès à la culture et permet l'usage judicieux et l'évaluation critique des moyens de communication de masse. *Parce que* l'éducation est la clé du développement et du progrès, la voie qui mène à des sociétés plus justes, plus démocratiques et plus équitables et le secret de vies plus larges et plus enrichissantes. *Parce que,* à l'aube d'un nouveau millénaire, le droit à l'éducation est, tout simplement, le droit à un avenir.

Les arguments et les motifs qui justifient l'alphabétisation ne sont pas plus subtils qu'obscurs. Ils sont d'une évidence qui n'est que trop douloureuse, en particulier dans les taudis urbains, les bidonvilles des banlieues et l'immensité des campagnes appauvries des nations en développement. Ces justifications ne datent pas non plus d'hier. Il y a plus de quarante ans que l'Unesco se consacre au travail d'alphabétisation de par le monde. *Pourtant, quelque chose a changé.* Les statistiques en rendent compte. La hausse constante du nombre des analphabètes a été enrayée, et le pourcentage de la population adulte qu'ils représentent est en baisse. Voilà certes une bonne nouvelle, mais, mieux encore, voilà la preuve que le progrès et le succès sont possibles. Ces tendances statistiques impersonnelles ne sont pas des fatalités, bien au contraire ; elles donnent la mesure de notre engagement et de nos efforts, elles sont en quelque sorte le baromètre de l'ardeur avec laquelle nous voulons un monde alphabétisé et de ce que nous sommes disposés à faire pour l'obtenir. Les cinquante-deux photographies de cet album témoignent avec éloquence de la recherche de ce but dans toutes les parties du monde. Elles sont l'œuvre inspirée de Dominique Roger, photographe de l'Unesco.

L'Année internationale de l'alphabétisation aura vu s'accomplir une énorme mobilisation à l'échelle mondiale. Dans plus de cent dix pays de toutes les régions du monde, des comités ou des structures spécialement mis en place pour l'AIA ont mené des campagnes dynamiques, faisant appel à tous les médias, pour alerter l'opinion publique mondiale au sujet de l'ampleur et de la gravité du problème de l'analphabétisme ; mais, loin de s'en tenir au choc des mots, l'année a été marquée par des travaux impressionnants : problèmes étudiés et analysés, solutions proposées et mises à l'essai, projets et programmes lancés ou élargis, on a beaucoup fait. Une détermination et un esprit de solidarité nouveaux inspirent tous ces efforts. C'est ce qui est apparu avec une évidence saisissante à la Conférence mondiale sur l'éducation pour tous, organisée à Jomtien par l'Unesco, l'Unicef, le Programme des Nations Unies pour le développement, la Banque mondiale et dix-huit autres organisations ou gouvernements. La Conférence a forgé un partenariat entre de grandes organisations internationales qui se sont engagées à travailler individuellement et collectivement à faire de l'*éducation pour tous* une réalité, et non un simple slogan. Les conclusions de la Conférence constituent un pacte entre nations « nanties » et nations « démunies » du monde. Les premières, qui sont les États du Nord industrialisé, ont promis d'accroître leur appui international à l'éducation ; les secondes, qui sont les pays en développement du Sud, se sont engagées à faire davantage d'efforts au plan national pour développer, améliorer et démocratiser leur système éducatif. Les organisations bénévoles ou non gouvernementales se sont également associées dans le cadre d'un effort concerté pour promouvoir l'alphabétisation. Le Groupe d'action international pour l'alphabétisation (GAIA), qui est une coalition de plus de trente organisations non gouvernementales internationales, a orchestré avec autant de vigueur que d'imagination la mobilisation de ses membres et de l'opinion tout au long de l'année.

Dans les grandes régions en développement du monde, les structures nécessaires à la coopération internationale sont déjà en place ; ce sont les programmes régionaux d'alphabétisation mis sur pied au cours de la décennie écoulée, avec le concours de l'Unesco en Amérique latine et dans les Caraïbes, en Afrique, en Asie et dans le Pacifique, et dans les États arabes. Chaque programme est spécialement adapté aux conditions et aux besoins de la région à laquelle il s'adresse, mais tous s'inspirent des mêmes idées et des mêmes objectifs, à savoir que la création d'un monde sans analphabètes nécessite une action globale si l'on veut assurer la scolarisation effective de tous les enfants, l'instruction élémentaire des jeunes et des adultes à qui il n'a pas été donné de s'asseoir sur les bancs de l'école quand ils en avaient l'âge et la mise en œuvre de mesures propres à donner tout son sens et toute sa valeur dans les faits à l'expression « vivre, c'est apprendre », et en particulier la fourniture de matériels de lecture appropriés, utiles et intéressants, l'utilisation des médias à des fins éducatives et la promotion de la culture.

Ces initiatives promettent beaucoup ; mais si les mesures prises pour aiguiser les consciences, conclure des pactes et des partenariats et lancer des initiatives nouvelles sont les préalables du progrès, elles ne sont pas la garantie du succès. Ce qu'il faut, À PRÉSENT, c'est une décennie d'actions coordonnées, concertées et ininterrompues à tous les niveaux. Il y a énormément à faire, surtout dans les pays les plus pauvres où l'éducation s'est durement ressentie de la crise économique.

Mais il ne s'agit pas là seulement de tâches réservées à d'autres que vous. Vous aussi avez votre rôle à jouer et votre contribution à apporter. Important ou modeste, votre concours est nécessaire et désiré. Vous pouvez agir au sein de votre foyer, de votre école ou de votre communauté, ou encore par l'intermédiaire de votre paroisse, de votre mosquée, de votre temple, des organisations bénévoles dont vous êtes membres ou des pouvoirs publics à tous les niveaux. Vous pouvez aussi vous associer à l'effort des Nations Unies et, plus spécialement, de l'Unesco : votre contribution au Compte spécial de l'Unesco pour l'alphabétisation mondiale, quel qu'en soit le montant, sera bienvenue. Vous avez, du reste, en achetant ce livre, déjà versé une contribution, car l'éditeur fait don d'une partie du produit de sa vente au Compte spécial. Par l'intermédiaire du Programme d'action commune de l'Unesco, il vous est possible de participer à la mise en œuvre de petits projets dans plus d'une douzaine de pays en développement. Et dans le cadre de manifestations spéciales comme le « projet crayon », organisé conjointement avec le lancement de ce livre, les étudiants ont l'occasion, par un geste de bonne volonté et d'amitié, d'exprimer leur solidarité avec leurs camarades d'autres nations.

La création d'un monde sans analphabètes est une tâche aussi énorme qu'elle est urgente, qui doit être l'affaire de tous, pour mobiliser leur concours comme leur attention. Mais les perspectives sont encourageantes. Comme l'a souligné le directeur général de l'Unesco, en matière d'alphabétisation, le progrès fait boule de neige : « Chaque nouvel alphabétisé est un esprit mobilisable pour combattre le syndrome du dénuement, de l'inégalité, de la maladie et d'autres maux dont l'analphabétisme participe. »

Pourquoi l'alphabétisation ? Pour bien des raisons, mais qu'on peut ramener aux deux que voici : *parce que c'est nécessaire* et *parce que c'est bien.* Voilà pourquoi !

JOHN RYAN
Coordonnateur - Secrétariat de l'Année
internationale de l'alphabétisation - Unesco

WHY LITERACY?

Why *has the United Nations proclaimed 1990 as International Literacy Year (ILY)? Why did the representatives of the world community, convened in Jomtien, Thailand, in March 1990, at the World Conference on Education for All, pledge themselves to a global campaign to create a literate world?* — Why *has Unesco designated literacy as its "absolute priority"?* Because *for nearly a thousand million adults — more than one in four — the meaning of the written word remains a mystery.* Because *there are over one hundred million children between six and eleven years of age in the developing nations who are without schools and who, unless we act, are destined to become the adult illiterates of the twenty-first century.* Because *nearly two-thirds of the world's illiterates are women, the bearers not only of children, but of culture.* Because *education is a fundamental human right proclaimed in the Universal Declaration of Human Rights.* Because *education is instrumental to the enjoyment and responsible exercise of other political, social and economic rights.* Because *education gives access to culture and permits the discerning use and critical evaluation of the media of mass communication.* Because *education is the key to development and progress, to the emergence of societies which are more just, more democratic and more equitable and lives which are more bountiful and more fulfilling.* Because, *at the dawn of a new millennium, the right to education is, quite simply, the right to a future.*

The arguments and reasons for literacy are not subtle or difficult to grasp. They are all too painfully evident, especially in urban slums, suburban shantytowns and in the vastness of the impoverished rural areas of developing nations. Nor are these justifications new. Unesco has been engaged in literacy work in countries around the world for more than forty years. Yet, something has changed. *The statistics reflect it. The constant growth in the number of illiterates has been checked and the percentage of illiterates in the adult population is declining. This, indeed, is good*

news; but, more than that, it is the proof that progress and success are possible. These impersonal statistical trends are not fatalities — just the opposite: they are indicators of our commitment and efforts, a sort of barometer of how urgently we want a literate world and how much we are willing to do to achieve it. The 52 photographs in this album bear eloquent testimony to the quest for literacy in countries around the world. They are the inspired work of Dominique Roger, Unesco photographer.

International Literacy Year has witnessed an enormous worldwide mobilization. In over one hundred and ten countries, in all regions of the world, special committees or structures established for ILY have carried out energetic campaigns, using all media, to alert world public opinion to the extent and gravity of illiteracy. But the Year has been marked by impressive works, as well as stirring words. Much has been done: problems have been studied and analyzed, solutions proposed and tested, projects and programmes launched or expanded. Inspiring all these efforts is a new sense of purpose and spirit of solidarity. This was strikingly evident at the World Conference on Education for All organized by Unesco, UNICEF, the United Nations Development Programme, the World Bank and eighteen other agencies and governments. The Conference forged a partnership among major international agencies which pledged themselves to work individually and collectively to make education for all *a reality, not merely a slogan. The conclusions of the Conference constitute a pact between the "have" and the "have-not" nations of the world. The former, the States of the industrialized North, have pledged to increase their international support for education; the latter, the developing countries of the South, have undertaken to increase their national efforts to expand, improve and democratize their educational systems. Voluntary or non-governmental organizations have also united in a concerted effort to promote literacy. The International Task Force* on Literacy, a coalition of more than thirty international non-governmental organizations, has conducted a vigorous and imaginative mobilization of its membership and of the public at large throughout the Year.

In the major developing regions of the world, the necessary structures for international co-operation are already in place: these are the regional programmes for literacy established during the past decade, with the co-operation of Unesco, in Latin America and the Caribbean, Africa, Asia and the Pacific and in the Arab States. While each programme is especially suited to the circumstances and needs of the region it serves, all share common assumptions and objectives: namely, that the creation of a literate world calls for comprehensive action to ensure schooling for all children, literacy instruction to youth and adults, and measures designed to give truth and meaning to the expression "living is learning", in particular, the provision of appropriate, useful and interesting reading materials, the educational use of media and the promotion of culture.

These initiatives are filled with promise. But while the measures taken to raise awareness, forge pacts and partnerships, and launch new initiatives are prerequisites for progress, they are not guarantees of success. What is needed NOW is a decade of co-ordinated, concerted and continuing action at all levels. There is a vast amount to be done, especially in the poorest countries where the economic crisis has had a harsh impact on education.

But these are not only things that others should do. You, too, have a part to play and a contribution to make. Be it large or small, your help is needed and wanted. You can act in your home, your school and your community or through your church, mosque or temple, through the voluntary organizations to which you belong, or through governments at all levels. You can also assist through the United Nations and, especially, through Unesco: your contributions, in any amount, to the Unesco Special Account for World Literacy are welcome. Indeed, in purchasing this book, you have already contributed, as part of the proceeds of each sale are donated by the publisher to the Special Account. Through Unesco's Co-Action Programme, you can participate in implementing small-scale projects in more than a dozen developing countries. Through special events, such as Project Pencil — organized in conjunction with the launching of this book —, students can make a gesture of good will and friendship, expressing their solidarity with their comrades in other nations.

The task of creating a literate world is enormous and urgent and requires the commitment and concern of all. But the prospects are promising. "Progress in literacy", as the Director-General of Unesco has emphasized, "is self-reinforcing: every new literate represents a mind that can be mobilized to combat the syndrome of deprivation, inequality, ill-health and other woes of which illiteracy is a part".

Why Literacy? For many reasons, but they can be reduced to two: Because it is necessary; because it is right. That's why!

JOHN RYAN
Co-ordinator
International Literacy
Year Secretariat
Unesco

¿Por qué alfabetizar?

¿Por qué proclamaron las Naciones Unidas 1990 Año Internacional de la Alfabetización (AIA)? *¿Por qué* en la Conferencia Mundial sobre Educación para Todos, celebrada en Jomtien, Tailandia, en marzo de 1990, los representantes de la comunidad internacional se comprometieron a emprender una campaña mundial para conseguir un universo alfabetizado? *¿Por qué* la Unesco ha hecho de la alfabetización su «prioridad absoluta»? *Porque* la palabra escrita sigue siendo un misterio para cerca de mil millones de personas adultas, es decir, más de una de cada cuatro. *Porque* en los países en desarrollo hay más de cien millones de niños de seis a once años de edad que no van a la escuela y que, si no hacemos nada, serán los adultos analfabetos del siglo XXI. *Porque* prácticamente las dos terceras partes de las personas analfabetas son mujeres, o sea el vehículo transmisor no sólo de la vida sino también de la cultura. *Porque* la educación es un derecho humano fundamental sancionado en la Declaración Universal de Derechos Humanos. *Porque* la educación contribuye al goce y el ejercicio responsable de otros derechos políticos, sociales y económicos. *Porque* la educación da acceso a la cultura y permite una utilización inteligente y una evaluación crítica de los medios de comunicación. *Porque* la educación es la clave del desarrollo y el progreso, de la creación de sociedades más justas, democráticas y equitativas, y de vidas más plenas y satisfactorias. *Porque* en los albores de un nuevo milenio el derecho a la educación es sencillamente el derecho al futuro.

Las razones y argumentos que abogan en favor de la alfabetización no son sutiles ni difíciles de entender. Son por desgracia demasiado evidentes, sobre todo en las barriadas y chabolas y en las inmensas extensiones rurales de los países en desarrollo, sumidas en la miseria. Tampoco son nuevas estas justificaciones. La Unesco viene realizando actividades de alfabetización desde hace más de cuarenta años en todos los países del mundo. *Sin embargo, algo ha cambiado.* Las estadísticas lo reflejan. Se ha puesto freno al aumento constante del número de personas analfabetas y el porcentaje de analfabetos en la población adulta va a menos.

Esto no es sólo una buena noticia, sino que además prueba que se pueden lograr progresos y que el éxito es posible. Esas impersonales tendencias estadísticas no son una fatalidad, sino más bien todo lo contrario: son un indicador de nuestra dedicación y nuestro empeño, una especie de barómetro que muestra el apremio con que deseamos un mundo alfabetizado, y todo lo que estamos dispuestos a hacer para lograrlo. Las cincuenta y dos fotografías del presente álbum son un testimonio elocuente del esfuerzo de alfabetización en países de todo el mundo, y son fruto de la inspiración de Dominique Roger, fotógrafa de la Unesco.

El Año Internacional de la Alfabetización ha presenciado una ingente movilización mundial. En más de ciento diez países de todas las regiones del mundo los comités o estructuras creadas para el AIA han emprendido enérgicas campañas, por todos los medios a su alcance, para poner sobre aviso a la opinión pública mundial respecto de la amplitud y la gravedad del analfabetismo. Impresionantes realizaciones y conmovedoras palabras han jalonado el Año. Es mucho lo que se ha hecho: se han estudiado y analizado problemas, se han propuesto y experimentado soluciones y se han emprendido o ampliado proyectos y programas. Todos estos esfuerzos se han inspirado en un nuevo sentido de determinación y un espíritu de solidaridad. Esto se evidenció claramente en la Conferencia Mundial sobre Educación para Todos, organizada en Jomtien, Tailandia, en marzo de 1990 por la Unesco, el UNICEF, el Programa de las Naciones Unidas para el Desarrollo, El Banco Mundial y otros dieciocho organismos y gobiernos. La Conferencia forjó lazos estrechos de colaboración entre los principales organismos internacionales que se comprometieron a trabajar individual y colectivamente para hacer de la *educación para todos* una realidad y no un simple lema. Las conclusiones de la Conferencia configuran un pacto entre las naciones ricas y las naciones pobres del mundo. Las primeras, los países industrializados del Norte, se comprometieron a aumentar su ayuda internacional a la educación; las segundas, los países en desarrollo del Sur, se han propuesto intensificar los esfuerzos nacionales para ampliar, mejorar y democratizar el sistema de enseñanza. También las organizaciones benévolas o no gubernamentales han aunado sus esfuerzos en pro de la alfabetización. El Grupo de Acción Internacional para la Alfabetización, una coalición de más de treinta organizaciones internacionales no gubernamentales, ha realizado a lo largo de todo el AIA una resuelta e imaginativa movilización de sus miembros y del público en general.

En las principales regiones en desarrollo del mundo ya se han establecido las estructuras necesarias para la cooperación internacional: se trata de los programas regionales de alfabetización creados en el último decenio en América Latina y el Caribe, África, Asia y el Pacífico y los estados árabes con la cooperación de la Unesco. Si bien cada programa se ha adecuado especialmente a las circunstancias y necesidades de la región que atiende, todos comparten ciertos supuestos y objetivos, a saber: que la creación de un mundo alfabetizado supone una acción global que garantice la escolarización de todos los niños, la alfabetización de las personas jóvenes y adultas que han quedado fuera del sistema escolar y medidas destinadas a hacer realidad y dar sentido a la expresión «vivir es aprender», como el suministro de materiales de lectura apropiados, útiles e interesantes, el empleo educativo de los medios de comunicación y el fomento de la cultura.

Estas iniciativas son muy prometedoras. No obstante, si bien las medidas adoptadas para lograr una mayor sensibilización, concertar pactos y asociaciones y lanzar nuevas iniciativas son un requisito previo del progreso, ello *no* quiere decir que sean una garantía de éxito. Lo que se precisa *AHORA* es un decenio de acción coordinada, concertada y continua a todos los niveles. Queda muchísimo por hacer, sobre todo en los países más pobres donde la crisis económica ha tenido repercusiones graves para la educación.

Sin embargo, todo esto no es algo que deben hacer los demás: también usted tiene un papel que desempeñar y una contribución que aportar. Grande o pequeña, su ayuda es necesaria y deseada. Su acción puede desarrollarse en la casa, en la escuela o en la comunidad, o por intermedio de su iglesia, su mezquita o su templo, las organizaciones voluntarias a que pertenezca o las instituciones oficiales de cualquier nivel. También puede usted prestar ayuda por conducto de las Naciones Unidas, y sobre todo de la Unesco: cualquiera que sea su cuantía, su contribución a la Cuenta Especial de la Unesco para la Alfabetización Mundial será bien recibida. Más aún, al comprar este libro ya ha contribuido usted, puesto que los editores donan parte del producto de las ventas a la Cuenta Especial. A través del Programa de Ayuda Mutua de la Unesco puede usted participar en la ejecución de proyectos de pequeña escala en más de doce países en desarrollo. Manifestaciones especiales como el Proyecto Lápiz, organizado paralelamente a la publicación de este libro, permiten a los estudiantes expresar su solidaridad con sus camaradas de otros países, mediante un gesto de buena voluntad y amistad.

La labor de crear un mundo alfabetizado es enorme y urgente y exige la dedicación y la participación de todos. Las perspectivas son alentadoras. Como señaló el Director General de la Unesco «los progresos de la alfabetización alimentan nuevos progresos: toda persona recién alfabetizada representa una mente que puede movilizarse para combatir el síndrome de la privación, la desigualdad, la enfermedad y otros males, entre los cuales se encuentra el analfabetismo».

¿Por qué alfabetizar? Por muchos motivos que pueden reducirse a dos: *Porque es necesario y porque es justo.*

JOHN RYAN

Coordinador
Secretaría del Año Internacional
de la Alfabetización
Unesco

LES AUTEURS / THE AUTHORS / LOS AUTORES

LÉGENDES/CAPTIONS/LEYENDAS